흙수저의 반란

흙수저의 반란

임소장 지음

SNOWFOX

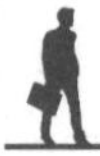

2020년에 처음 네이버 블로그에 글을 적기 시작했다. 조금씩 구독자와 조회수가 늘기 시작하더니 1년이 지난 시점에는 5천 명이 넘는 구독자와 10만회가 넘는 방문, 조회수를 기록하였다. 나와 같은 평범한 사람의 글이 왜 사람들을 끌어들였을까? 난 글의 반응을 보며 알게 되었다. 많은 이들이 변화를 원하고 있다는 것을. 그들은 모두 나와 같은 사람들이라는 것을. 그렇다. 많은 사람들이 더 나은 삶을 갈망한다.

그래서 시작한 이 책은 단순히 돈을 목적으로 하지 않는다. 당장 눈앞의 돈을 목표로 했다면 쪽집게 부동산 강사나 주식 작전 세력을 찾아가는 것이 빠를 수도 있다. 더 중요한 것은 근원적 사고, 즉 정신이다.

그래서 책의 제목을 흙수저의 반란이라고 정했다. 흙수저의 반란은 기득권이 만들어 놓은 시스템(구조)으로부터 벗어나는 것이다. 경제적 복속으로부터 벗어나는 것이다. 그렇게 온전한 나로서 자유를 찾는 것이다. 온전한 나로서 갖는 정신적 자유와 경제적 자유. 그러기 위해선 정신부터 변화해야 한다.

어떤 이는 돈부터 벌어야하는 것이 아닌가 생각할 수 있다. 돈(물질)도 중요하다. 돈과 정신은 흙수저 반란의 양대 축이다. 그럼에도 불구하고 정신이 먼저 변화해야 한다. 왜냐하면 지금보다 더 큰 돈을 벌고 지키기 위해서는 돈이 담길 그릇(정신)이 중요하기 때문이다.

하지만 정신이 변화하기는 어렵다. 돈을 버는 것보다 정신이 변화하기 더 어렵다. 왜냐하면 사회가 그렇게 구조화되었기 때문이다. 가진 자들은 오랜 세월 기득권으로 불리며 그들만의 세상을 구축해왔다. 시스템화가 된 것이다. 이 시스템은 오랜 세월을 거치며 체계적으로 공고하게 구축되었다. 의심할 여지조차 없이 당연한 것이 되어 우리 삶에 깊이 스며들어 함께 살아가게 만들었다. 이걸 깨야 한다. 그래야 흙수저의 반란에 성공할 수 있다.

책의 앞 부분은 정신적 측면을 이야기할 것이다. 그리고 자연스럽게 경제적 측면에 대한 견해를 밝히고, 뒤에 부자의 게임으로 대표되는 돈(방법론)에 대해 이야기할 것이다. 각 챕터의 내용이 각각 개별 주제를 갖고 있지만, 다시 읽으면 다른 주제들과 연관되어 내용이 더 깊게 들어올 것이다. 아울러 글에는 다양한 질문과 상황이 있다. 그 질문과 상황에 자신만의 답을 찾길 바란다. 정답은 없다.

　　우리 모두는 흙수저를 넘어 부자가 될 소양과 능력을 갖춘 사람들이다. 어쩌면 이미 부자가 되었을 수도 있다. 아직 부자가 아니라면 선택의 기로에 있거나 시작을 하지 않았을 뿐이다. 이 책이 그 선택과 시작에 작은 도움이 되길 바란다. 흙수저의 삶에서 벗어나 부자가 되는 그 길에 하나의 주춧돌이 되길 바란다. 흙수저에서 벗어나 부자가 될 모든 사람을 응원한다.

CONTENTS

〈3장〉 무늬만 부자가 아닌 진짜 부자

〈4장〉 부자의 게임

〈5장〉 무한한 가능성

〈1장〉 흙수저

옥탑방 흙수저

　　서울 남산 옆 언덕진 골목의 옥탑방. 등기도 나오지 않은 불법건축물의 5평 남짓한 공간에서 스무 살의 나이에 동창과 함께 자취를 시작했다. 서울에서는 전세를 구하기 힘들어 발품을 팔아 간신히 구한 그 옥탑방도 친구와 함께 전세금을 냈기에 가능했다. 내가 고등학교 3년간 열심히 공부한 결과물이 고작 옥탑방인 것 같아 씁쓸했다. 하지만 당시에는 내 몸 하나 누일 수 있는 집이 있다는 것만으로도 다행이었다. 지방을 떠나 부모님의 기대를 한껏 떠안고 상경했다. 그동안 그래왔듯 열심히 공부해서 취업하는 것을 목표로 삼았다. 부족한 생활비는 알바비로 보충하며 그렇게 20

대를 보냈다.

옥탑방에서 살며 운이 좋아 원하는 기업에 취업했다. 성공한 느낌이 들었다. 무한 경쟁에서 살아남은 느낌. 그렇기에 누구보다 열심히 회사 생활을 했다. 아침 7시 출근, 밤10시가 넘어 퇴근했다. 주 5일제지만 주말에도 출근을 했다. 오직 목표는 회사에서 인정받고 좋은 인사고과를 받아 남보다 빠르게 승진하는 것이다. 저축은 덤이다. 열심히 저축하면 몇 년 뒤에는 원룸생활도 청산할 수 있을 것이란 희망으로 견뎠다. 틈틈이 연애도 한다. 언젠가 결혼을 하게 되면 맞벌이를 할 계획이다. 그러면 나도 서울에 내 집을 가질 수 있을 거라 믿었다. 이러한 희망은 날 움직이게 만드는 원동력이다. 힘든 하루에도 더 나은 내일이 날 기다릴 것이라 굳게 믿고 지친 몸을 지하철에 맡긴다. 그렇게 진짜 현실을 알기 전까지 난 정말 열심히 살아가는 대한민국 흙수저였다.

흙수저지만 성공을 원했다. 부자가 되길 원했다. 스스로는 흙수저라고 생각을 안했다. 열심히 하면 다 된다고 생각했다. 내가 할 수 있는 것은 사회에서 요구하는 것을 열심히 충실하게 따르는 방법 밖에 없었다. 열심히 공부했고 대학에 갔고 스펙을 쌓고 대기업에 취업했다. 이 사회에서 요구하고 하라는 것은 다했다. 너무나 치열한 과정을 거쳤다. 왜 이렇게 까지 해야 하는지는 정확히

몰랐지만 할 수 있는 것이 그것 밖에 없었다. 순간적이지만 사회에서 요구하는 것을 성취하면 행복했다. 하지만 행복은 오래가지 못했다. 이유는 다양할 것이다. 외적 이유와 내적 이유가 복합적으로 작용했을 것이다.

하지만 분명한 것은 학생 신분에서 직장인이 되었다고 하여 나의 삶이 크게 변화하지 않았다는 것이다. 학생식당에서 밥을 먹다 비싼 레스토랑에서 식사를 할 수 있게 되었지만 밤이 되어 내가 돌아갈 곳, 잠을 자는 곳은 좁은 골목길의 작은 원룸이었다. 물론 취업 후 옥탑방 탈출은 성공했다. 방이 좀 더 깨끗해진 만큼 방세는 올랐고 방세를 갚기 위해 나는 누구보다 일찍 출근하고 가장 늦게 퇴근하는 현대판 노예가 되었다. 그래도 열심히 근무하면 언젠가 서울에 작은 내 집을 얻게 될 거란 희망을 품고 살아갔다.

물론 현실을 깨닫기까지 그리 오래 걸리진 않았다. 이 넓은 서울 땅에는 내 집이 없다는 사실과 마주했다. 거리에 나가보면 수많은 아파트가 성냥갑처럼 세워져있다. 밤에는 수많은 불빛이 건물을 가득 메운다. 하지만 수많은 불빛 중 내가 갈 곳, 아니 갈 수 있는 곳은 아무 곳도 없다. 작은 임대주택이라도 얻고 싶지만 조건이 너무 까다롭다.

현실을 바꾸고 싶었다. 옥탑방 자취생이 아닌 내 집을 어엿

하게 가진 집주인이 되고 싶었다. 그리고 부자가 되고 싶었다. 부자에게 부자가 되는 법을 배우고 싶었다. 하지만, 내 주변에는 부자가 없었다. 내가 부자가 아니기 때문이다. 부자를 만나고 싶었지만, 부자를 만날 길조차 없었다. 부자를 만나더라도 그로부터 부자가 되는 방법을 직접 배우기 어려운 것이 나의 현실이었다. 돌아보면 가족, 친구, 지인 모두 나와 비슷했다. 거주지에서부터 이미 내가 사는 곳은 부자가 사는 곳이 아니다. 그렇다고 포기할 수는 없었다. 부와 관련된 수많은 서적을 읽었다. 그것이 이미 부자가 된 사람들의 이야기를 들을 수 있는 가장 저렴하고 쉬운 길이었다. 베스트셀러를 포함하여 100권이 넘는 책을 읽었다. 어떤 책은 나에게 큰 감명을 주었고 어떤 책은 뜬구름 잡는 남의 이야기 같았다. 중요한 것은 책을 읽는 것으로 끝나서는 안된다는 사실이다. 책을 읽고 내 삶 또한 그들과 같이 변화하길 원했다. 부자가 된 선배들의 이야기를 읽고, 또 읽고 내 것으로 만들어, 그들이 아닌 나 자신이 부자가 되는 것을 원했다. 중복되는 내용은 따로 적어두었다. 왜냐하면 많은 부자들이 이야기 하는 내용 중 공통적인 내용은 반드시 그 이유가 있다고 생각했기 때문이다. 때론 비판적으로 접근했다. 저자 중 상당수는 상상할 수 없는 수준의 부자였다. 부자가 된 후 그 업적을 기리기 위해 책을 쓴 경우도 많았다. 나와 같이 평범한 사람이 상위 0.1%의 성공 신화를 보고 따라 하기에는 그 위험(리스크)이 매우 컸다. 엠제이 드마코의 『부의 추월차선』을 읽었을 때는 내일 당장 회사를 그만두고 사업을 해야 하나 고민도 했다. 그만큼 책이 준 영감이 컸다. 하지만 현실을 냉정하게 바라보면 나에겐 꿈과 같은 이야기였다. '창업을 하고 사업을 키워 IPO를 통해 단숨에 수백억대의 자산가가 되어 경제적 자유를 이룬다.'는 것이 나와 같은 평범한 사람에겐 어려운 일이었다. 과거의 특수한 성공 케이스를 열거하는 글들. 1억을 투자해서 10억을 번 케이스부터, 내가 그랬으면 하는 꿈과 같은 이야기들이 많았지만 과거의 특수한 케이스를 현실의 나에게 일반화시킬 수는 없었다. 그로부터 좋은 것은 분명 취하겠지만 그렇다고 모든 것이 옳고 나에게도 적용된다고 단정할 순 없었다.

그렇기에 나와 같은 평범한 사람도 부자가 될 수 있는 현실성 있는 계획과 방법이 필요했다. 0.1%가 아닌 평범한 사람도, 지금 현재 2021년을 살아가는 흙수저도 가능한 이야기와 계획과 방법들이 절실했다. 부자들의 이야기 중에서 지금 바로 내가 흡수하고 실천할 수 있는 것들을 찾아냈고 내 것으로 만들기 위해 최대한 노력했다.

가장 빠르게 노력할 수 있는 것은 바로 생각과 정신의 변화였다. 그다음 현실에서의 실행 또한 놓치지 않았다. 하지만 정신은 빠르게 변화했지만 현실 속 부는 빠르게 변화하지 않았다. 조급한 마음이 들었다. 때론 조급함에 실수를 할 때도 있었지만 실수를 기반으로 인내심을 키우고 한발 한발 전진했다.

　　과정 속에 많은 일이 있었다. 한 마디로 표현하면 '고난'이다. 다시는 경험하고 싶지 않은 고통 그 자체였다. 누군가 나와 같은 처지에 있다면 나와 같은 실수를 하지 않게 미리 가르쳐주고 싶다. 그 중 하나는 여러 차례 이직이다. 어렵게 들어간 회사에 사표를 내고, 다시 어렵게 취업을 했다. 주변의 반응은 한결 같았다. 사표를 낼 때는 하나같이 걱정 아닌 걱정을 하며 동시에 비난을 했다. 다시 취업에 성공하면 언제 그랬냐는 듯 칭찬과 인정이 이어졌다. 많은 상처를 받았지만 이러한 과정은 현실을 더 실감나게 알게 해주었다. 사실 어렵게 들어간 직장에서 나오는 것은 쉬운 일이 아니다. 그에 들어간 노력과 비용을 생각하면 한순간의 결정으로 모든 것을 원점으로 돌리기에 그 대가가 너무나 컸다. 다만, 운 좋게 그 과정에서 보고 배운 것들이 있다. 성공의 증거와 증거에 대한 확신. 금융권에서 근무를 하였기에 자연스레 부자들을 접할 기회가 많았다. 그들은 고객이었지만, 나에게는 내가 되고자 하는 것을 이룬 자들이었다. 업무이지만 그들과 대화하며 알게 되었다. 그들은 우리와 다르게 생각하고 있다는 것을 그리고 세상을 바라보는 프레임이 다르다는 사실을. 또한 자연스럽게 관찰할 수 있었다. 그들이 어떻게 부를 축적하고 또 관리하고 있는지. 이직 후 새롭게 일을 시작한 곳은 부자들과 더 가까웠다. 부자들이 어떤 일을 하는지, 어떻게 돈을 벌었는지, 그 돈을 어떻게 관리하고 있는지 시작부터 끝까지 관찰할 수 있었다. 그것이 나의 업무였다.

그리고 난 부자들만의 공통점을 발견했다. 돈을 버는 과정에서부터 부를 축적하고 관리하는 부분까지 그리고 그 중심에 사업과 부동산이 있음을 깨달았다. 책에서 본 내용을 눈으로 확인하는 순간, 설마가 확신으로 변했다. 반복되면 될수록 확신은 더욱 강해졌다. 그리고 깨달았다. 나는 이대로 부자가 될 수 없다는 것을. 아니 부자가 되더라도 아주 먼 미래에 젊은 시절을 모두 바치고 난 뒤에 운이 좋으면 가능하다는 것을.

직업의 특성상 사업은 할 수 없었다. 사업을 할 용기도 없었다. 부동산 투자를 시작했다. 이 또한 많은 시행착오가 있었다. 뒤를 돌아보면 아쉬움이 많지만, 분명한 것은 실행했다는 사실이다. 그렇기에 지금의 결과가 있다. 이것은 증거이다. 옥탑방 세입자로 살던 나는 어느새 내 이름(소유권)으로 된 아파트에 거주하고 있다. 새 아파트, 요즘 말로 신축 아파트다. 세입자로 수십 곳의 부동산에 들려 전세방을 구하고, 집주인(임대인)의 눈치를 봐가며 벽에 못 박는 것도 벌벌 떨던 지방 촌놈이 어느덧 내 집을 가진 집주인이 되었다. 그리고 난 이제 내 소유의 부동산을 타인에게 임대를 주기도 한다. 임차인에서 임대인이 되었다. 세입자에서 집주인으로 입장이 바뀌었다. 누군가에겐 작은 변화일지 모르겠지만 흙수저의 삶을 살아온 나에게 이것은 매우 의미 있는 변화이다.

무엇보다 대한민국의 현실을 살고 있는 젊은 청년이자 흙수저로서 나의 변화는 평범한 사람도, 흙수저도 변할 수 있다는 증거이다. 무주택자에서 유주택자, 유주택자에서 다주택자로 원하는 방향으로 변화할 수 있다는 사실이다. 나는 나와 같은 환경에 놓인 많은 이들에게 디딤돌이 되고 싶다. 분명하다. 그리고 명백하다. 사실이며 더 나아가 확신한다. 이 글을 읽는 누구라도 가능하다. 오히려 나보다 더 뛰어난 성과를 올리고 더 많은 부를 축적할 독자들이 훨씬 더 많다는 것을 알고 있다.

늦었다고? 경기는 항상 좋지 않았다. 입시와 취업은 항상 힘들었다. 자산 시장의 버블이 끝났다는 이야기는 이미 수백 차례 나왔다. 모든 것은 결과론이다. 상승기에는 상승론자가 판을 치고, 하락기에는 폭락론자가 판을 친다. 이미 다양한 견해가 시장에 팽배해있고, 결과가 나오면 그 결과에 자신들의 의견을 대입시키는 것이다. 지금 우리가 보는 것은 결과이지만 우리는 과정에 집중해야한다. 과정이 있어야 결과가 있다. 상상만으론 아무것도 바꿀 수 없다. 상상 속에선 누구나 부자가 될 수 있다. 다만 현실은 그 상상을 실행한 자와 실행하지 않은 자로 나뉠 뿐이다. 그 누구도 여러분의 과정에 관심을 갖지 않는다. 결과만 볼 뿐이다. 그리고 그 결과는 과정으로 만드는 것이다.

난 누구보다 평범한 대한민국의 흙수저다. 모든 것은 상대적이기에 누군가에겐 흙수저 이하 일 수도 있다. 다만 현실에 불만을 갖고 있었고 그 불만을 해결하기 위해 노력하고 실행했다. 그 과정에서 두려움이 있었지만 내 나름 성공의 증거를 찾았고 이를 믿고 실행해나갔다. 그리고 조금씩 변화하고 있다. 앞으로 더 많이 변화할 것이다.

진짜 흙수저

　　'흙수저란 부모의 능력이나 형편이 넉넉하지 못한 어려운 상황에 경제적인 도움을 전혀 못 받고 있는 자녀, 혹은 자신의 심리나 경제 상태가 좋지 않음을 뜻한다. 금수저의 반대.'

　　흙수저란 말이 어느 순간 유행하기 시작하더니 이제 국어사전에도 등장하는 단어가 되었다. 부모의 능력이나 형편이 넉넉하지 못한 어려운 상황에 경제적인 도움을 전혀 못 받고 있는 자녀, 혹은 자신의 심리나 경제 상태가 좋지 않음을 뜻하는 단어가 된 것이다. 반대말로는 금수저가 있다. 이와 연관하여 수저 계급론

이 있다. 과거 노예, 귀족, 왕족 등 부모의 계급(핏줄)으로 신분이 나뉘던 것이 현대 사회에 들어와 수저의 재질로 신분이 나뉘게 된 것이다. 물론 수저의 재질은 부모의 재력에 가장 큰 영향을 받는다. 어쩌다 이렇게 되었을까? 1894년 갑오개혁으로 신분제가 타파된 지 100년이 넘게 지났다. 그럼에도 불구하고 오히려 현대 사회에 들어와 어떻게 이러한 비공식적인 신분제가 다시 시작되고 있을까?

현대 사회, 우리는 민주주의와 자본주의 제도를 받아들였다. 선진국의 제도다. 경제적으로 부유한 나라들이 대다수 채택하고 있는 제도다. 우리나라는 이를 바탕으로 급격하게 성장했다. 한강의 기적이라 불린다. 3저 호황, 88 올림픽 등 8~90년대 당시만 하여도 4년제 대학 졸업장만 있으면 대기업 취업에 무리가 없었다. 스펙 경쟁이 사실상 없었던 것이다. 하지만 세상은 금세 변화했다. 지금의 2~30대들은 다른 세상에 살고 있다. 2010년부터 취업이 본격적으로 어려워지기 시작했다.

성장이 둔화되기 시작한 것이다. 자동화, 인공지능, IT, 3차 산업혁명 등. 더 이상 기업의 성장에 있어 과거와 같이 많은 인력이 필요하지 않다. 인건비를 줄일 수 있는 방법이 점점 더 많아지고 있다. 인간을 대체할 수 있는 기술이 늘어나고 있는 것이다. 당연히 기업에서 뽑을 사람은 더 줄게 되었다. 그렇다면 과거보다 더 많은 탈락자가 필요하다. 채용 기준을 높여야 한다. 자연스럽게 학벌뿐 아니라 다른 여러 조건들이 상향평준화가 되었다. 개인의 능력, 공부와 같은 노력만으론 부족하게 된 것이다. 이것은 곧 집안의 재력과도 직결된다. 타 조건을 상향시키기 위해선 더 많은 자원의 투입이 필수였기 때문이다. 물론, 과거에도 집안을 보았다. 입사지원서에 부모의 직업, 나이, 학력, 사는 곳, 재산을 적는 난이 있었다. 하지만 지금과는 달랐다. 지원자가 스펙을 쌓을 기회부터 차이가 나기 때문이다.

이러한 변화는 우리의 일상생활에 자연스럽게 스며들었다. 그리고 흙수저라는 단어를 탄생시켰다. 그리고 이 단어는 수저의 재질에 따라 현대판 계급(신분)을 나누게 되었다. 흙수저, 왜 많은 단어 중에 흙수저일까? 우린 밥을 먹을 때 수저를 이용한다. 보통 단단한 금속 재질로 이루어져 있다. 단단한 재질이 아닌 흙으로 된 수저로 밥을 먹는다고 생각해 보자. 밥은커녕 수저가 금세 가루가 되어 입안에 흙만 가득 들어갈 것이다. 상상도 하기 싫다. 그에 반해 금수저는 밥을 먹기 편할 것이다. 현세대가 느끼는 불평등과 절망, 그리고 불만은 마치 이와 같다.

요즘 사람들에게 있어 흙수저로 태어났다는 것은 마치 조선시대에 노비로 태어났다는 것과 비슷한 기분 아닐까 싶다. 그렇다면 그 기분과 느낌, 그로부터 파생된 여러 정신세계는 그 사람의 인생을 어떻게 변화시킬까. 흙수저라는 프레임은 사라진 신분제를 현실로 부활시킨 것과 같다고 나는 생각한다.

우리 사회는 과거와 비교하여 많은 변화가 있었다. 물질적, 제도적으로 발전했다. 시민의식도 성숙했다. 민주주의 제도 하 1인 1표가 보장되며, 신분제는 먼 옛날 철폐되었다.

과거 양반과 노비가 살던 시대에 법과 제도로 규정된 불평등은 사라진 지 오래되었다 하지만 현실의 불평등이 모두 사라진 것은 아니다. 개인의 사유재산을 인정하고 자본주의 제도를 채택하고 있기 때문에 물질적 불평등은 분명 존재한다. 그리고 이러한 불평등이 단순히 부자와 가난한 자에게만 존재하는 것은 아니다. 빈부 외에도 보이지 않는 불평등적 요소가 많다. 사는 곳(지역), 나이, 성별, 학력, 직업 등 환경적인 요소들. 나는 이러한 요소들이 낳은 불평등이 모여 정신적 부분까지 영향을 준다고 생각한다. 정신 외적 요소들이 정신까지 영향을 미쳐 보이지 않게 무의식의 깊은 곳을 바꾼다고 생각하기 때문이다.

지방(시골)과 서울(도시)의 차이를 생각해 보자. 시골에 사는 A라는 청년은 영화를 보기 위해서는 주말에 날을 잡고 대도시로 나가야 한다. 장을 보기 위해 읍내로 나가는 것과는 또 다른 차원의 노력이 필요하다. 어쩌면 어린 시절 A에게는 하나의 즐거운 이벤트가 될 수도 있을 것이다. 도시에 거주하는 친구의 눈엔 고생으로 보일 수도 있다. 이것을 조금 다른 차원으로 확장시켜보자. 수도권에 거주 중인 성인 B가 있다. 주말에 오랜만에 친구들과 약속을 잡았다. 약속 장소를 보니 이번에도 역시 강남이다. 모임이 있으면 약속 장소 후보로 항상 서울 주요 도심지가 거론된다. 서울에 거주하는 멤버보다 수도권에 거주하는 멤버가 더 많을 때도 말이다. 하지만 누구 하나 이런 상황에 불평하지 않는다. 누가 정했는지 모르지만 모두 당연하게 여긴다. 서울 친구는 거리가 가깝다. 모임 장소까지 가는 비용과 시간 모두 수도권 친구들보다 더 적게 들어간다. 수도권 친구들은 당연히 그 반대지만 그럼에도 불구하고 모두가 이러한 상황을 당연하게 받아들인다. 여기에 만약 지방에 거주하는 친구가 추가된다면 큰 변화가 있을까? 이것은 과연 합리적일까? 아니면 작은 불평등일까? 단어를 바꾸어 불공정이라 한다면 어떨까? 만약 불평등(불공정)이라면 이것은 어디서부터 시작되었을까? 불평등이 아니라고 생각한다면 그 이유는 무엇인가? 사람마다 시간과 비용의 가치가 다르다는 것에 동의하는가? 동의한다면 이런 또래 집단의 친구들에게도 그 차이가 적용될까?

작은 차이가 나중에는 점점 커지고 이 차이는 정신까지 연결된다. 어느 순간 나도 모르게 당연하게 생각하는 것. 그 당연한 것들에 대한 근원적 질문이 없었다는 것. 그리고 그에 대해 질문하지 않는 것 말이다. 그 원인은 다양하다. 사는 곳은 하나의 예일뿐이다. 누군가는 이것을 경제력으로 볼 수 있다. 범위를 좁혀 서울 안에서도 강남과 강북이 나뉠 수도 있다. 차이는 이 환경에서부터 시작된다.

어린 시절 사는 곳에 따라 성장 과정에 큰 차이가 날까? 난 그렇다고 생각한다. 부모의 직업이 달라지면 아이들의 삶이 달라질 수 있을까? 부모의 직업과 자녀의 삶의 연관관계. 부모의 직업에 따라 부모로부터 들을 수 있는 조언의 차이. 거주하는 지역의 선생님, 가족, 친구들이 변화함에 따라 아이가 받는 영향의 차이. 그리고 그 영향을 주는 사람들 또한 그 이전에 주변 환경에 영향을 받은 사람이라는 사실. 끊임없는 매개 관계의 형성. 맹모삼천지교란 단어가 나온 이유. 이것은 과연 문명(인터넷)의 발전으로 극복할 수 있는 문제인 것인가 고민해 본다.

현실은 더 냉혹해지고 있다. 특히, 앞서 서술한 이야기들은 더 고착화되고 있다. 대부분 사람들이 직접적 언급을 하지 않지만 현시대의 환경적 차이와 경제적 차이는 정신적 차이로 이어지고 있다. 그리고 과거보다 현재 더 심해지고 있다. 무상교육, 공교육 제도, 높은 교육열, 평준화, 인터넷, 유튜브 등 극복할 수 있는 많은 제도적, 물리적 장치가 있음에도 불구하고 현실이 그렇다.

어린 코끼리의 일화가 있다. 서커스단에서 태어난 코끼리는 어린 시절부터 밧줄에 발목이 묶여 성장한다. 이후 코끼리는 성체로 다 성장한 이후에도 해당 밧줄에서 벗어나지 못한다. 신체가 아닌 정신이 밧줄에 묶였기 때문이다. 스스로 나갈 수 있는 한계를 그어버린 것이다. 우리 사회도 지금 그렇게 변화하고 있다. 흙수저란 밧줄은 단순히 경제력만 뜻하는 것이 아니다.

슬픈 사실은 현대 사회에 이미 상당수 계층(경제적) 사다리가 끊겼다는 점이다. 우린 이것을 눈으로 목격했다. 앞에서 말했듯이 불공정(불평등)이 만연하고 있다. 이는 점점 음지에서 양지로 넘어오고 있다. 음지에 있던 불공정함은 이제 법과 제도를 통해 양지로 나오고 있다.

어느 순간 돈이 곧 능력이라는 말이 당연하게 여겨지고 있다. 개인의 역량 중 육체적, 정신적 역량뿐만 아니라 경제력이 하나의 큰 요소로 작용하기 시작한 것이다. 경제력은 어린 시절부터 차이를 만든다. 영어 유치원, 사립 유치원, 사립학교, 어학연수, 사교육 등. 대학 입학뿐만 아니라 취업까지 경제력이 중요한 영향을 미친다. 자유민주주의, 자본주의 하 이러한 것은 당연한 것이 되었다. 그렇기에 보완책도 많이 나왔다. 사회적 약자를 배려하기 위한 다양한 전형(루트), 제도들. 사회적 약자를 배려하기 위한 다양한 전형이 도입되는 것은 긍정적이다. 그 취지를 보면 대부분 긍정할 수 있다. 하지만 현실에서 전형 다양화는 기회의 공정이 아닌 기회의 불공정으로 연결되는 경우도 있다. 왜냐하면 제도의 취지는 좋지만 제도를 만드는 사람들과 운영하는 사람들이 문제 있기 때문이다. 그들이 설계한, 그들만을 위한, 그들만의 전형.

일부 전형은 대다수의 사람들뿐만 아니라 사회적 약자에게도 접근 기회가 제공되지 않는다. 제도가 있다는 정보마저 모를 수 있다. 경쟁을 하고 싶어도 경쟁을 할 수 없는 분야가 있는 것이다. 과장된 것 같지만, 현실을 알면 알수록 더 놀랄 수 있다. 이런 추세는 앞으로 점점 더 심해질 것이다. 그럴수록 흙수저로 대표되는 수저론도 점점 더 심해질 것이다. 그리고 권력자(기득권)들은 기회를 놓치지 않을 것이다. 편 가르기를 하고 우리 편과 상대편을 구분할 것이다. 깃발을 들고 양쪽에서 사람을 모을 것이다. 권력을 잡으면 우리 편을 위한 법과 제도를 구축할 것이다. 물론 그들만을 위한 법과 제도가 1순위다.

흙수저, 수저론, 흙수저의 탄생, 작은 차이가 만들어가는 변화, 이것들이 정신(무의식)에 미치는 영향, 현실 세계와 앞으로 벌어질 미래, 이것을 이용하는 자들, 그리고 그들이 만들어갈 세계. 이 모든 것은 다른 것 같으면서도 모두 연결되어 있다. 그리고 우린 그 영향에서 벗어나야 한다. 경제적으로 바로 변화할 수 없더라도 정신적으론 바뀌어야 한다. 진정 경계해야 할 것은 지금 당장의 경제적 상황뿐만 아니라 나도 모르게 정신적 흙수저가 되는 것이다. 난 정신적 흙수저를 진짜 흙수저라 정의한다.

경제적 흙수저의 기준은 명확하지 않다. 기준은 자의적이고 또한 상대적이다. 흙수저끼리 모여 있으면 그중 누군가는 상대적 금수저가 될 수 있다. 누군가가 볼 때 흙수저더라도 본인 자신은 그렇게 생각하지 않을 수 있다. 물론 그 반대의 경우도 있을 것이다. 흙수저의 기준을 경제적으로 정확하게 나눌 수 없다는 것이다. 규정된 명확한 기준도 없다. (물론 인터넷에서는 흙수저를 판단하는 체크리스트가 존재하기도 한다.)

나는 흙수저를 판단하는 진짜 기준은 정신적 측면이라고 생각한다. 정신까지 완전하게 장악당한 사람, 사회에서 만든 프레임을 벗어나지 못하는 자. 다시 말해서, 무의식까지 완전히 장악당한 사람이다. 물론 본인은 눈치채지 못했을 수도 있다. 인터넷에 나온 정의대로 단순하게 부모의 경제력만을 바탕으로 흙수저를 구분한다면 그건 오히려 그들 자신이 아닌 부모를 평가하는 기준이 될 것이다. 그리고 누군가는 잘못된 현 상황의 모든 원인을 부모에게 돌리고 그들의 부모를 비난하고 탓하며 살아갈 것이다. 다양한 원인 가운데 가장 큰 원인은 자기 자신임에도 불구하고 환경만을 탓하며 발전 없이 한평생을 살아가는 것이다.

흙수저의 반란

　　흙수저라는 프레임이 갖는 힘과 그 프레임에 갇힌 사람들
이 갖는 어려움을 경제력만으로 국한시키기에는 정신적 영역의
비중이 너무나 크다. 흙수저의 사고, 흙수저의 정신을 갖게 된 이
유는 다양하다. 경제적 요인뿐만 아니라 다양한 요인이 복합적으
로 작용한다. 진짜 흙수저가 된 사람은 모를 수 있다. 결과와 과정
그리고 이유까지. 알지 못한 채 나도 모르게 흘러가는 대로 현재를
살아가는 것이다. 정신적 측면은 서서히 물밑에서부터 나도 모르
게 잠식해 들어왔다. 프레임에 갇힌 자. 흙수저와 가난, 극복할 수
없는 현실 인식, 상대적 박탈감. 정신이 지배당하면 무의식적으로

생각할 수 있는 사고의 폭이 제한될 것이다. 특정인은 도전도 하기 전에 본인의 한계를 정해버릴 것이다. 사고의 한계가 현실의 한계로 이어지는 그 순간, 정신이 현실을 지배하게 되는 것이다. 진짜 흙수저가 되어 벗어나고 싶어도 벗어날 수 없는 상황이 된다.

사회를 움직이는 권력자, 기득권 계층, 그들이 깃발을 들고 편을 나눌 때. 그들이 특정 프레임을 만들어 놓았을 때. 그들이 만들어놓은 사회 구조와 경쟁에 나도 모르게 참여했을 때. 그리고 현실적으로 이것을 벗어나기 힘들 때. 그럼에도 불구하고 나의 정신과 생각은 밖에 나와 지켜볼 수 있어야 한다. 근원적인 질문을 던질 수 있어야 한다. 질문을 던지고 그에 대한 답을 구해야 한다. 그 전에 그들의 짜 놓은 프레임, 만들어 놓은 구조 속에 나를 쉽게 던지면 안 된다. 수동적으로 삶이 흘러가버리게 두면 안 되는 것이다. 주도적으로 답을 구하고, 주체가 되어 취할 것은 취하고 버릴 것은 버려야 한다. 어쩔 수 없이 몸은 그 안에 있더라도 정신은 밖에 나와 지켜볼 수 있어야 한다.

사회적 구조와 프레임은 강력하다. 물질적, 경제적으로만 영향을 미치지 않는다. 이것은 정신세계까지 영향을 미쳐 우릴 규정하고 가둘 수 있다. 많은 이가 흙수저가 될 수밖에 없게 만들어진 구조와 사회적 환경의 프레임에서 벗어나야 한다. 흙수저의 사고, 가난한 자의 사고를 갖은 채론 흙수저의 삶을 쉽게 벗어날 수 없다. 왜냐면 그들이 만들어 놓은 세계는 다수의 흙수저에게 한정된 기회를 제공하여 일부의 동수저와 은수저를 만드는 것이기 때문이다. 잘못된 프레임에 갇혀 가혹한 경쟁 체제에 나를 던지면 안 된다.

근면 성실, 주인의식. 기업에 입사하면 가장 많이 듣는 이야기이다. 자기소개서에 자기를 어필할 때 자주 사용되는 단어이기도 하다. 회사는 이런 지원자, 근로자를 좋아한다. 그리고 이것을 권유한다. 주인의식을 생각해 보자. 주인의식을 강요하지만, 그들에게 대다수 근로자는 주인이 아닌 노예다. 주인은 경영자(오너) 자기 자신이다. 노예처럼 부리지만 주인의식을 강조한다. 회사가 망하면 누구의 잘못일까? 난 경영진(오너)의 잘못된 판단과 경영이 가장 큰 원인이라고 생각한다. 하지만, 회사가 망하면 경영진이 구조조정을 통해 대다수 근로자를 해고한다. 원인의 제공자와 책임을 지는 사람이 다른 것이다. 그들은 절대 잘리지 않는다. 임금은 일반 근로자의 100배 이상 받는다. 이것이 현실이다.

그들은 근로자를 절대 부자로 만들어주지 않는다. 고용된 근로자들이 부자가 되면 일을 열심히 하지 않고 회사를 그만둘게 예상되기 때문이다. 근면성실의 끝은 무엇일까? 정년퇴직일까? 구조조정에서 회피하는 것? 그보다 더 중요한 것은 삶의 한계가 결정된다는 것 아닐까. 부를 기준으로 생각하면 한평생 근로를 통해 벌 수 있는 부의 총량이 정해져 버릴 것이다. 즉, 부의 한계가 그어지는 것이다. 이 경우 더 많은 부를 늘리기 위해서는 소비를 줄이고 저축을 늘려야한다. 이 또한 근면성실로 대표되는 그들의 프레임이다.

정부 정책은 항상 옳을까? 항상 따라야만 할까? 지지하는 정권에 따라 다른가? 난 자기만의 기준(원칙)을 가져야 한다고 생각한다. 2016년부터 부동산 가격이 급등하기 시작하자 정부에선 부동산 대책을 발표했다. 그때마다 각종 통계를 인용하며 다음과 같이 이야기했다. "집값이 안정화되고 있다.. 집값이 곧 떨어질 것이니 집을 사지 마라. 지금 영끌해서 집을 사고 있는 젊은 세대들이 안타깝다." 등등. 그런데 정부의 말만 믿고 내 집 마련을 미룬 사람들은 전세난민이 되었다. 오히려 소득보다 집값이 더 빠르고 크게 상승하여 내 집 마련의 꿈을 포기한 사람들이 발생했다. 이중 일부는 정부를 원망한다. 또 일부는 집을 갖은 자들을 투기꾼이라 욕하며 폭락론자로 변했다. 그때 집을 산 사람들에 대한 자세한 설명은 생략한다.

모두가 정부의 말을 그대로 믿고 따른 것은 아니다. 아닌 사람들도 있다. 그 안에서도 다양한 케이스가 있을 것이다. 하지만 현실에서 대다수 국민들은 정부 정책의 영향을 피해 가긴 어렵다. 정책과 더불어 정치인, 고위 관료의 말 한마디 한마디에 대다수 국민이 큰 영향을 받는다.

친한 친구가 집값 급등 뒤에 탄식하며 다음과 같이 이야기 했다. "침몰하는 배가 있다. 선장이 승객들에게 자리를 지키라고 이야기한다. 선장과 선원들은 대피하고 있다. 넌 어떻게 하겠는가?..." 이 질문에 어떻게 대답할지 판단해야 한다. 결정해야 한다. 결정의 근거와 주체는 누구인가? 판단을 남에게 미룰 건가? 스스로 판단하고 결정해야 하지 않을까? 타인의 의견은 참고사항일 뿐, 그 말이 내 삶을 결정하지 않는다. 그것은 타인의 의견이고 목소리일 뿐 내 의견과 목소리가 아니다. 결과는 알 수 없다. 미래도 알 수 없다. 하지만 스스로 상황을 살펴보고 판단하여 결정한 것과 그렇지 않은 것에는 큰 차이가 있다.

흙수저의 반란은 벗어나는 것이다. 정신적 흙수저에서 벗어나는 것이다. 사회에서 만든 당신의 무의식을 바꾸는 것이다. 경제적 상황을 당장 바꿀 수는 없다. 하지만 정신은 바꿀 수 있다. 정신적 흙수저에서 벗어나야 한다. 그리고 이것은 경제적인 변화까지 이어질 것이다. 내 삶의 주체가 되어 내가 원하는 삶을 만들어

가야 한다. 원하는 것을 성취하고 쟁취하는 것. 구조에서 벗어난 삶, 프레임에서 벗어난 삶. 주입된 생각에서 벗어나 나의 생각, 나만의 온전한 사고를 하는 것. 근원적 질문을 던지고 답을 찾는 것. 부자를 원한다면 부자가 되는 것.

흙수저의 반란은 그렇게 시작된다. 우리의 삶은 아직 결정되지 않았다. 흙수저가 될 것인지 금수저가 될 것인지 결정할 수 있다. 지금 시작할 수 없다면, 내일의 나도 시작할 수 없다. 이 모든 것은 내가 시작하고 끝을 내야 한다. 내가 못한 것을 내 배우자, 자식에게 미뤄서는 안 된다. 진짜 흙수저에서 벗어나 진짜 금수저가 돼야 한다. 무늬만 부자가 아닌, 진짜 부자 말이다. 지금 바로 시작하자.

〈2장〉 아무도 말하지 않는 진실

성공 방정식

우리 사회에는 근로와 저축으로 대변되는 성공 방정식이 있다. 최근에는 정보통신기술의 발전으로 많은 변화가 생겼지만 그럼에도 불구하고 이러한 방정식은 많은 사람들에게 일반적인 믿음으로 공유되고 있다. 우리 부모님께서는 이런 믿음을 강하게 갖고 살아오셨다. 나 또한 그 영향을 받아 이 믿음으로 내 삶을 장기간 의지해왔다. "열심히 공부해서, 좋은 대학에 가고, 좋은 회사에 취업해서 결혼하고, 저축해서 집을 사는게 최고의 성공이다." 통과의례처럼 돼버린 이 공식의 루트는 선형적 부의 증가를 가정하고 있다. 취업을 한 이후에는 기대소득이 정해지고 몇 살에 얼마를 벌고, 또 그 중의 일부를 저축해서 지금 집값을 가정했을 때 몇 년 뒤에 내 집이 마련되는지 계산되는 것이다. 물론 부모의 재력에 따른 변수가 존재한다. 이 공식은 오랜 세월 우리사회를 지배해왔다. 경제성장 속에 국민 대다수는 이를 믿고 따라왔다.

하지만 최근 이러한 성공 방정식에 사람들이 의문을 품기 시작했다. 자산 가격의 급등에 따라 집(자산)을 가진 자와 갖지 못한 자를 중심으로 급격한 경제적 차이가 일어나기 시작했기 때문이다. 물론 이런 현상이 처음 있는 일은 아니다. 분명 과거에도 그랬다. 다만 그 기울기가 지금과 달랐다. 더불어 환경의 변화로 객관적, 수치적 결과를 누구나 쉽게 알 수 있다.

근로의욕이 급격하게 저하됐고 사람들은 지금 이대로 사는 것이 맞는가에 대한 의문을 갖기 시작했다. 자산 가격의 급등에는 명암이 있다. 특히, 2030세대에게 있어 지금과 같은 현실은 절망으로 다가올 수 밖에 없다. "사회에서 말하는 대로 열심히 살았을 뿐인데 무엇이 문제일까?" 이 질문에 나는 이렇게 답하고 싶다. 사회에서 말하는 것이 항상 진리는 아니다.

우리 사회에는 당연하게 돼버린 것들이 많다. 우리 안에 침투되어 널리 퍼져있다. 마치 문화처럼 사람들이 공유하는 것, 과거부터 그래왔던 것에는 강력한 힘이 있다. 관행, 관습이라고도 한다. 사람들은 전에도 그랬다고 하면 이를 거역하기 어렵다. 관행과 관습은 비판적 사고를 막는다. 이것은 마치 생존본능과 같다. 한 객체로 나약한 인간은 무리를 지어 살면서 힘을 갖게 됐다. 무리 속에서 남과 다르게 행동하거나 무리 밖으로 나오면 위험하다. 다른 동물들도 마찬가지다. 무리를 이탈하면 위험하다. 만약, 사막 한가운데 떨어져 절벽으로 뛰어가는 거대한 무리에 속하게 되면 앞이 절벽인지도 모르고 함께 뛰어갈 것이다.

처음부터 본능을 역행하기는 어렵다. 특히 지금과 같은 사회 구조 속에선 더 어렵다. 다르게 생각하고 다르게 행동하기 위해선 누군가 가르쳐주거나, 본인이 시행착오를 거쳐 깨달아야한다. 하지만, 대부분은 이를 가르쳐줄 사람이 없다. 시행착오를 거치더라도 이미 일어난 결과를 뒤집기엔 늦은 경우가 많다.

그래서 시작이 중요하다. 그 시작이 바로 정신적 측면이다. 아무도 말하지 않는 진실에 주목할 필요가 있다.

돈으로 행복을 살 수 있는 이유

우린 돈을 많이 벌고 싶어 한다. 돈만큼 손쉽게 우리의 욕망을 채워줄 수 있는 도구가 없기 때문이다. 의식주를 넘어 사치품까지. 누군가는 간절히 원하는 외제차(드림카)가 있을 것이다. 그 옆의 사람은 명품백을 간절히 갖고 싶어 한다. 그 옆 사람은 강남 아파트를 간절히 바라고 있다. 각자 원하는 건 다르지만 그 소망을 이룰 수 있는 가장 강력한 수단은 바로 돈이다. 젊은 시절 내가 옥탑방 탈출을 강하게 꿈꿨듯이.

그러나 누군가 말한다. 돈으로 행복을 살 수 없다고, 행복은 마음으로부터 오는 것이라고 말이다.

안분지족(安分知足)이라는 유명한 고사성어도 있다. 멋지게 표현하면 안분지족이지만, 속되게 표현하면 분수에 맞게 사는 것이다. 아이러니하게 돈이 많은 사람일수록 대중 앞에서 그런 이야기를 많이 한다. 그 꼬임에 넘어가지 말자. 가진 자는 없는 자의 아픔을 모른다. 다시 말해, 난 이에 반대한다. 흙수저로 태어났으면 죽을 때까지 흙수저로 살아야 하는 것은 아니다. 미래는 만들어가는 것이다. 돈을 많이 벌고 싶으면 많이 벌면 된다. 지금 당장 어렵다면, 돈을 벌 수 있는 방법을 찾고 그 중 내가 실천할 수 있는 가장 최선의 방법을 선택해서 실행하면 된다.

난 돈으로 행복을 살 수 있다고 생각한다. 그래서 우린 더 많은 돈을 원한다. 돈으로 행복을 살 수 있다면, 어디서 판매하는가? 아마존? 쿠팡? 이마트? 아니다. 돈으로 행복을 살 수 있는 진짜 이유는 역설적이게도 돈이 많으면 돈으로부터 자유로워질 수 있기 때문이다. 돈으로부터 자유로워지는 것이 바로 행복인 것이다. 물질만능주의를 논하는 것이 아니다.

인간의 삶은 한정적이다. 수치상 시간은 누구에게나 공평하지만 돈은 그렇지 않다. 누군가는 한평생 가난하게 살 수도 있고, 누군가는 부자로 살 수도 있다. 옳은 것은 없다. 다만, 확률적으로 부자로 살아가는 사람이 가난한 사람보다 행복할 확률이 높다. 돈은 내가 원하는 것을 할 수 있게 만들어주기 때문이다. 하고 싶은 일을 할 수 있게 만들어준다. 무엇보다 하고 싶지 않은 일을 하지 않을 수 있는 여유(선택권)가 있다. 이것은 시간으로 연결된다. 내 시간을 온전하게 소유할 수 있다.

누구에게나 시간은 공평하다고 한다. 수치상 시간은 공평하다. 하지만 현실에서의 시간은 공평하지 않다. 우린 살아가기 위해 반드시 무언가 해야 한다. 다른 말로 시간을 지불해야한다. 대표적으로 근로를 해야 한다. 일을 해서 돈을 벌어야한다. 그리하여 의식주를 해결한다. 자녀가 있으면 자녀를 부양해야한다. 일을 하지 않으면 수입이 끊기고 정상적인 생활을 영위하기 어려워진다. 대부분 사람들은 이로부터 자유로울 수 없다. 그것이 현실이다. 그래서 하고 싶지 않은 일을 하고, 만나고 싶지 않은 사람과 만나고, 원하지 않는 곳에서 내 소중한 시간을 보낸다. 여기서 삶의 고통이 발생한다. 그리고 이것을 미화하기 위해 젊어서 고생은 사서한다 말한다. 또 피할 수 없으면 즐기라고 이야기한다. 아니다. 젊어서 고생하면 골병든다. 피할 수 있으면 피해야하다.

현실 속 부자는 이와 다르다. 젊어서 고생하지 않는다. 피할 수 있는 건 피한다. 피할 수 없는 것도 피하는 것이 그들이다.
(군대, 형벌 등 법의 잣대는 항상 공정하지 않다.)

부자, 다른 말로 돈이 충분하고 돈이 생산되는 구조를 가진 자들은 근로 등 돈으로부터 자유롭다. 그리고 이것은 온전한 시간과 행복으로 연결된다. 그러므로 우리가 해야 할 것은 부자가 되는 것이다. 구체적으로 돈을 충분하게 갖고 돈이 생산되는 구조를 갖는 것이다. 그렇게 우린 행복해져야한다. 돈은 그 수단이 돼야한다. 우리도 돈으로 행복을 살 수 있다.

흙수저 탈출이 어려운 이유

우리나라 국민은 정말 열심히 산다. 전세계 어디를 봐도 우리나라만큼 교육열이 높은 나라를 찾긴 어렵다. 각종 경시대회를 휩쓰는 것은 물론이며, 통계상 우리나라 국민은 최고 수준의 대학 진학률과 최저 수준의 문맹률을 자랑한다. 교육단계에서부터 이정도니 회사생활을 포함한 사회생활까지 안 봐도 비디오다.

그렇기에 한강의 기적이라 불리는 눈부신 경제적 성장을 이루어냈고, 단기간 국민 1인당 GDP를 3만불이 넘는 선진국 반열에 올려놨다. 그런데 왜 국민 개개인의 행복도는 그렇게 낮을까? 우리나라에만 존재하는 단어가 있다. 재벌, 금수저, 흙수저, 헬

조선, 이생망, 갑질 등 이런 단어는 우리나라의 특수한 환경을 대변하고 있다. 얼핏 보면, 극단적 표현 같지만 난 이런 단어들이 우리 현실을 잘 표현하고 있다 생각한다.

뉴스를 보면 중산층이 무너졌다는 기사가 자주 나온다. 기사 내용엔 중산층과 관련한 통계가 자주 인용된다. 2015년 발표된 통계청 자료에 따르면 대한민국 국민의 65% 이상이 중산층이라 한다. 또한 앞으로 이 수치가 계속 증가할거라 예측한다. 대한민국 국민 절반 이상이 중산층이다. 무언가 이상하지 않나? 우리가 체감하는 현실과 다르다. 그래서 자료를 살펴보지만, 아쉽게도 중산층 비율을 발표한 통계는 없다. 대신 알아낸 사실은 2020년 기준 통계청에서 발표한 대한민국 중산층의 기준 소득은 월 230만원이라는 것이다. 월소득 230만 원 이상이면 대한민국 중산층인 것이다. 아울러 최저시급은 시간당 9,160원(월 191만원)이다.

중산층의 기준에 대해 어떻게 생각하는가? 난 매우 공감하기 어렵다. 이런 데이터는 우리가 체감하는 현실과 사회에서 강요하는 이상과의 차이를 강하게 느끼게 해준다. 사회에서 요구하는 수준에 만족한다면 국민 중 상당수는 흙수저가 아닌 행복한 중산층이어야 한다. 하지만 국민 중 상당수는 본인을 중산층이 아닌 서민이라 생각한다는게 문제다. 동시에 지금보다 더 나은 삶, 중산층 이상의 삶을 누리고 싶어 한다. 흙수저 탈출을 꿈꾼다. 그래서 정말 열심히 산다.

근데 왜? 흙수저 탈출이 어려울까? 중산층에 대한 기준과 인식만이 문제일까? 경제가 성장했고, 1인당 GDP는 3만불을 돌파했다. 국민 대다수가 높은 교육 수준을 갖추었다. 입시경쟁, 취업경쟁 나아가 회사에서의 생존경쟁 등. 이렇게 열심히 사는데 항상 부족하다. 기준이 높아서가 아니다. 현실이 어렵기 때문이다. 열심히 노력해도 취업하기 힘들고 그 어려운 취업을 해도 내 집 하나 갖기 어려운 세상이다. 타고난 경제적 조건을 차치하고 흙수저 탈출을 어렵게 하는 세 가지가 있다.

첫 번째로 사회 시스템이다. 우리가 살고 있는 이 사회(시스템)는 모두가 잘 살길 바라지 않는다. 적당히 살길 바란다. 속된 말로는 분수에 맞게 살라고 한다. 이 시스템을 구축한 사람은 일반 대중이 아니다. 소수의 기득권이다. 그들은 기득권을 계속 지키길 원한다. 그렇기 때문에 사회 시스템 상 경쟁자(기득권)를 생산하는 구조가 아닌 피지배층을 생산하는 구조를 만들어 놓았다. 일례로 기업 CEO가 기득권이라면 그들은 기업운영(생존)에 위협이 될 수 있는 경쟁기업(기업가)이 탄생하길 원하지 않는다. 그렇기 때문에 훌륭한 기업가를 양성하기보다 성실한 근로자를 양성한다. 이것은 자연스럽게 많은 사람들의 목표를 훌륭한 기업가가 아닌 좋은 직장에 취업하길 바라는 근로자로 이끌었다.

두 번째로 주변 사람이다. 사회 환경이 그렇다면 이것을 극복할 수 있는 조언을 해줄 사람이 필요하다. 흙수저 탈출에 도움을 줄 수 있는 멘토나 안내자 말이다. 하지만 대부분 흙수저 주변엔 이런 사람이 없다. 흙수저 주변 사람도 거의 대부분 흙수저다. 이런 현상은 어린 시절부터 시작돼 성인이 되면 될수록 고착화 된다. 부모를 비롯한 주변 사람의 세상 인식과 경험치의 한계가 전수되고 또 공유되어 곧 나의 한계로 이어지는 것이다.

마지막으로 흙수저 주문이 있다. 탈출하려 노력해도 주변에서 끊임없이 흙수저 주문을 걸어온다. 흙수저 주문이란 무엇일까? 흙수저 주문은 흙수저 탈출을 꿈꾸는 사람들을 꿈꾸지 못하게 막는 주문으로 다양한 메시지로 구성되어 있다. 앞에서 이야기한 과거의 성공 방정식뿐만 아니라 회사에서 이야기하는 주인의식, 직장 선배의 충고 등 다양한 것이 될 수 있다.

흙수저 주문에 대해서는 뒤에 다양한 사례로 보충하겠지만 이것은 마치 관습처럼 되어 당연한 것처럼 들려온다. 때론 비판하고 싶더라도 기존에도 그래왔던 것 같은 비논리적 이유(전례와 관습)로 우리를 찍어 누르고 있다.

공자는 인간이 인생을 알고 터득하는데 세 가지 종류가 있다고 했다. 첫째, 생이지지(生而知之)는 태어나면서부터 바로 아는 경지를 말한다. 배우지 않아도 아는 것이다. 즉, 타고난 것을 말한다. 이런 사람은 매우 드물며 가난한 부모 밑에서 자수성가한 기업가가 이에 해당 될 것이다. 둘째, 학이지지(學而知之)는 배움을 통해 아는 경지를 말한다. 책을 많이 읽고 공부해서 알게 되는 것이다. 노력과 간접경험이 합쳐진 것을 뜻한다. 셋째, 곤이지지(困而知之)는 고생고생 힘들여 아는 경지를 말한다. 좌충우돌 시행착오를 거쳐 아는 것이다. 이것은 마치 내가 겪어온 흙수저의 삶과 비슷하다.

우린 마지막 곤이지지를 지양해야 한다. 누군가 흙수저에게 실패는 성공의 어머니라 하며 시행착오를 미화할 수 있다. 하지만, 기회가 적은 흙수저에게 실패는 되돌아올 수 없는 강을 건너는 일과 같다. 생이지지라면 좋겠지만 이는 타고난 것이기 때문에 어찌할 수 없다.

그렇다. 우린 학이지지를 통해 흙수저 탈출을 해야 한다. 배워야 한다. 누구에게 배울 것인가? 성공한 사람들, 흙수저 탈출에 성공한 사람들에게 배워야 한다. 어떻게 배울 것인가? 만날 수 없다면, 돈이 없다면 책과 강연을 통해 배워야 한다. 나와 가장 잘

맞는 것을 찾아 벤치마킹해야 한다. 그리고 본인만의 매뉴얼(원칙&
기준)을 만들어야 한다. 그리고 또 실행해야 한다.

흙수저 주문

우리는 흙수저 주문에 대해 더 자세히 알 필요가 있다. 마법과 같은 이 말은 흙수저 탈출을 막는다. 어떤 말은 탈출을 꿈도 못 꾸게 한다. 말의 힘은 강력하다. 3명만 모여도 거짓된 말로 호랑이를 만드는 삼인성호(三人成虎)라는 말이 있지 않은가? 잘못된 말도 계속 되풀이되면 참(진실)이 된다.

"공부해라. 취업해라. 저축해라. 청약해라."로 대표되는 과거의 성공 방적식이 대표적인 예이다. 가만히 있으면 중간은 간다. 회사에 주인의식을 갖아라. 밖은 지옥이다. 나 때는 말이야. 지금 편한 줄 알아라. 까라면 까. 요즘 애들은 말이야. 부자는 불행하다. 황금 보기를 돌같이 하라. 전세 살아라. 집은 충분하다. 피 주고 왜 집을 사냐. 지금 집 사면 큰일 난다. 대출은 절대 안 된다.' 등 우리가 매일 들었던 그 말들 말이다.

흙수저 주문에 의문을 품어야 한다. 비판적으로 사고해야 한다. 왜 그런 말을 하는지 그 원인을 알아야 한다. 들려오는 메신저(화자)의 저의(底意)를 파악하고 그대로 했을 때 나에게 일어나는 결과를 정확하게 인식해야 한다. 그리고 온전한 존재로 그 말에 대처해 가야 한다.

이에 반대되는 금수저 주문이 있다. 금수저를 만드는 주문이다. 흙수저는 자주 접하기 어려운 말들이다. 금수저는 어릴 때부터 금수저 주문을 접해왔기 때문에 자연스레 금수저로 성장할 수 있었다. 금수저 주문을 통해 부자의 정신과 사고, 부자의 습관을 갖게 된 것이다.

당신은 가난한 사람인가?

　　가난하다고 하면 보통 경제적 가난을 먼저 떠올린다. 그래서 가난에서 탈출하려면 돈을 많이 벌어야한다고 생각한다. 정신이 준비되지 않은 채, 돈만 벌려하면 돈이 안 따라온다. 설사 복권에 당첨됐다고 하더라도 그 돈을 지키기 어렵다. 돈만 늘었다하여 다 같은 부자는 아니다. 졸부란 말이 있지 않은가? 돈이 많아도 행동이 천박한 사람. 가난한 사고를 벗어나지 못한 사람. 나 자신이 가난한 사고와 정신을 소유하고 있는지 알아차리기는 쉽지 않다. 남의 단점을 지적하기는 쉽지만 본인의 단점을 스스로 지적하기 어려운 것과 비슷한 이치다.

흙수저에서 벗어나기 위해서는 스스로 가난한 정신을 가졌는지 체크가 필요하다. 다음 내용을 읽고 해당되는 점이 있다면 지금 바로 변화가 필요하다.

당신은 가난한 사람인가?

세상에서 가장 같이 일하기 힘든 사람들은

가난한 사람들이다.

그들은 자유를 주면 함정이라 생각한다.

작은 비즈니스라고 얘기하면 돈을 별로 못 번다고 하고,

큰 비즈니스라고 얘기하면 돈이 없다고 한다,

새로운 것을 시도하자고 하면 경험이 없다고 하고,

전통적인 비즈니스라고 하면 어렵다고 한다.

상점을 같이 운영하자고 하면 자유가 없다고 하며,

새로운 사업을 시작하자고 하면 전문성이 없다고 한다.

그들에게는 공통점이 있다.

구글이나 포털에 물어보기를 좋아하고,

희망이 없는 친구들에게 의견 듣는 것을 좋아한다.

그들은 대학교수보다 더 많은 생각을 하지만

장님보다 더 적은 일을 한다.

그들에게 물어보라.

무엇을 이루어낼 수 있는지?

아무것도 없다.

내 결론은 이렇다.

당신의 심장이 뛰는 것처럼 더 빨리 행동하고,

생각만 하는 대신 당장 뭐라도 실천해라.

가난한 사람들은 공통적으로 그 한 가지 때문에 실패한다.

그들의 인생은 기다리다 끝이 난다.

그렇다면 현재 자신에게 물어보라.

"당신은 가난한 사람인가?"

- 알리바바 창업자, 마윈

한정된 자원

흙수저는 기본적으로 자원이 부족하다. 대표적으로 돈과 시간이 부족하다. 왜냐하면 어떤 문제가 생겼을 때 돈이 아닌 몸(시간)으로 때워야 하기 때문이다. 반대로 금수저는 몸(시간)대신 돈으로 때운다. 그래서 흙수저는 시간도 부족하다. 그렇기 때문에 흙수저는 자원을 잘 관리해야 한다. 가뜩이나 부족한 자원인데 잘못 투자(배분)했다가는 돌아올 수 없는 강을 건널 수 있다. 그렇기에 선택이 매우 중요하다. 처음 선택을 어떻게 했느냐에 따라 1년 뒤, 5년 뒤, 10년 뒤 미래가 바뀐다.

경제적인 측면으로 가보자. 돈을 벌어야 한다. 생계를 유지

하는 것을 넘어 여유로운 삶, 부자가 되어 경제적 자유를 누려야한다. 돈을 버는 방법에는 크게 두 가지 방법이 있다. 첫 번째는 사업. 두 번째는 근로다. 사업은 사업체를 경영하는 것이다. 대한민국 부자들은 대부분 사업가다. 자수성가를 한 부자도 사업가다. 사업은 급격한 성장이 가능하다. 성장의 한계를 뚫어줄 수 있다. 반대로 사업이 망하면 다시 일어서기 힘들다. 누군가 말한다. 실패는 성공의 어머니라고. 그렇게 실패를 미화한다. 그렇다. 현실 세계에서 금수저에게 실패는 성공의 어머니가 될 수 있다. 왜냐하면 실패하면 또 도전하면 되기 때문이다. 치킨집을 차렸는데 망하면 또 치킨집을 차리면 된다. 그렇게 성공할 때까지 계속 차리면 된다. (학창시절에도 그랬다. 재수, 삼수, 사수할 수 있는 여유는 아무에게나 주어지는 것이 아니다.) 하지만, 흙수저는 다르다. 실패하면 재도전할 수 없다. 다시 도전할 돈과 여유가 없기 때문이다. 한 번의 실패로 빚쟁이가 되어 도망자(낙오자)의 삶으로 전락 할 수도 있다. 그렇기에 사업은 매우 어려운 방법이다. 성공한 사람들의 성공 스토리가 빛나는 이유는 성공한 사람이 그만큼 소수이기 때문이다. 99%의 실패자에겐 아무도 관심을 주지 않는다.

두 번째는 근로다. 근로는 타인(사업)을 위해 일을 하고 그 대가를 받는 것이다. 가장 안전한 방법이다. 그렇기 때문에 많은 사람들이 선호한다. 흙수저가 가장 선호하는 방법이다. 하지만 부자가 되기까지 오래 걸린다. 평생 부자가 못 될 수도 있다. 시간과 노동을 투입하여 돈을 받는 구조이기 때문이다. 돈을 더 많이 벌기 위해서는 시간당 단가를 높이거나 더 많은 시간을 투입해야한다. 야근을 하거나 승진에 목을 매야하는 것이다. 근로자에게 급여와 지출을 차감한 저축액은 평생 모을 수 있는 돈의 한계가 된다.

근로자의 삶. 열심히 일하고, 야근을 하고, 라인을 잘 타서 더 빨리 승진하는 근로자의 전통적 코스. (나도 전통적 코스에 따라 내 인생을 건 적이 있다.) 회사에선 이런 사람을 인재라 칭한다. 근로자 중 1%는 이 방법과 매우 잘 맞는다. 본인의 소질과 적성이 회사생활과 잘 맞는 것이다. 회사와 본인이 물아일체가 되어 주인의식을 갖고 삶을 투입한다. 그렇게 10~20년을 투입하면 1%의 확률로 회사 내의 별, 임원이 된다. 나머지 99%는 이와 잘 맞지 않는다. 회사 내 성공을 위해 무의미한 야근과 회식, 주말 모임, 상사에 대한 아부와 직원 쪼기 등 부수적 활동이 피로하다. 어떤 이는 고통스럽기까지 하다. 일부는 적성에 맞아 노력했지만 원하는 것(승진, 보직)을 얻지 못하기도 한다.

그렇기 때문에 본인이 근로자라면 생각해야 한다. 내가 이 회사 내에서 1%가 될 수 있는 사람인지 아닌지. 만약 가능하다면 소질과 적성에 잘 부합하는지. 그렇지 않다면 대안을 찾아야 한다. 무의미하게 삶을 보낼 수 없기 때문이다. 회사 내에서 1%가 되지 못했더라도 전체적인 삶에서는 1%가 돼야 한다. 특히, 경제적인 부분에서는 더더욱 그렇다.

한정된 자원을 잘 분배해야 한다. 회사 내 1%가 아니라면 그 1%가 되기 위해 투입했어야할 자원을 내 삶의 성공을 위해 투입해야 한다. 시간, 에너지, 생각 등 모든 자원을 나 자신을 위해 투입해야 한다. 무의미한 야근 대신 자기개발을 해야 한다. 투자를 잘하고 싶으면 투자 공부를 해야 한다. 무의미한 시간들을 줄이고 날 위한 시간을 늘려야 한다. 어떻게 하면 상사에게 잘 보일까 고민할 시간에 어디에 집을 사면 부자가 될 수 있을지 고민해야 한다. 내 머리 속은 회사에서 주입한 목표가 아닌 내 성공을 위한 목표들로 가득 차야 한다. 그래야 흙수저의 반란에 성공할 수 있다. 꼭 기억하자. 흙수저에게 자원은 한정되어 있다는 사실을.

요즘 애들은 말이야

20년 전에도, 10년 전에도, 그리고 현재에도 변함없는 말이 있다. "요즘 애들은 말이야" 그 말을 하는 주체는 보통 청자보다 나이가 많은 연장자거나, 조직의 경우 먼저 입사한 선배들이다. 분명 그들도 과거에 똑같은 말을 들었을 것이다. 그럼에도 불구하고 지금 그들은 자기보다 어리거나 입사가 늦은 후배를 보며 똑같은 말을 되풀이한다.

'요즘 애들이란' 말은 부정적인 어조와 의미를 내포하고 있다. 과거엔 안 그랬고, 그 과거가 옳다는 신념을 갖고 있기 때문이다. 그렇기에 그 과거의 존재인 본인들이 더 우월하다는 생각을 갖고 있다. 본인보다 부족한 존재에게 충고로 이 말을 한다. '나 때는'과 유사하다. 그렇다면 요즘 애들이 진짜 문제일까? 내 대답은 아니, 그렇지 않다.

세상이 달라졌고 발전했다. 과거보다 못한 현재는 없다. 사람도 그렇다. 통계적으로도 입증됐다. 오히려 뛰어나면 뛰어났지 부족하지 않다. 젊을수록 육체적으로 더 건강할 뿐만 아니라 두뇌 또한 기능이 우수하다. 누구나 안다. 검증할 가치가 없다.

근데 왜 이런 말을 할까? 전보다 통제가 어렵기 때문이다. 권리를 잘 알기 때문이다. 과거보다 나의 권리를 잘 알기 때문에 잘못된 것에 대응할 수 있다. 과거처럼 무의미한 야근이나 회식, 주말 모임 등 업무와 무관한 활동을 따르지 않아도 된다는 사실을 요즘 세대는 잘 안다. 잘 아는 것을 넘어 행동으로 보여준다. 그래서일까? 직장인들에게 『90년대 생이 온다』는 책이 화제가 되었다. 대조적으로 과거에는 『회사생활 잘하는 법』과 같은 책들이 인기 있었다.

사회심리학자 프렌치(John R. P. French)와 레이븐(Bertram Raven)에 따르면 권력에는 다섯 가지 유형이 있다. 합법적 권력, 보상적 권력, 강압적 권력, 준거적 권력, 전문적 권력.

합법적 권력은 공식적 권한에 따른 권력이다. 보상적 권력은 급여, 성과급, 인사고과 등 보상과 자원의 영향력을 행사하는 권력이다. 강압적 권력은 처벌하는 권력이다. 준거적 권력은 충성심, 소속감 등 감정을 움직이는 권력이다. 마지막 전문적 권력은 지식과 기술을 말한다.

리더는 이 다섯 가지 권력을 잘 사용해야 한다. 상황에 따라 적절한 권력을 사용해야 한다. 하지만 상당수 리더는 권력을 잘 사용하지 못하고 쓰지 말아야 할 곳에 남용한다. 과거에는 이런 남용이 허용되었다. 권리에 대해 무지했고, 법적 제도적 장치가 미흡했다. 하지만 이제 시대가 바뀌었다. 사람들이 권리를 알기 시작했고, 법적 제도적 장치를 이용해 권리 구제를 적극적으로 하고 있다.

그렇기 때문에, '요즘 애들은 말이야'와 같은 말들이 많아지고 있다. 더 많아질 것이다. 왜냐하면 그래야 통제가 쉽기 때문이다. 과거에는 그랬으니 지금도 그래야한다는 비논리적 스킬이 강력하기 때문이다. 관례와 관습, 관행의 힘은 강하다. 사람들은 전례(前例)에 약하다. 무언가 일을 할 때, 기준이 없을 때는 과거에 어떻게 했는지를 가장 먼저 찾아본다. 전례라 불리는 마법. '그래왔다' 하면 논리적으로 옳은지, 그른지 심각하게 따지거나 비판하지 않는다. 유교 문화가 우리 사회를 보이지 않게 지배하고 있기 때문이다. 장유유서(長幼有序), 어른(상사)이 하는 말에 토를 달면 예의 없는 사람이 된다. 이것은 자연스럽게 '까라면 까' 등 비논리적 화법을 탄생시킨다.

　　그런 말을 하는 상대방의 저의(底意)를 알아야 한다. '저 말을 하는 사람이 자기 마음대로 되고 있지 않구나, 자기 마음대로 내가 움직이고 있지 않구나, 그래서 나를 통제하고 싶구나' 등 말하는 사람의 속내(저의)를 알면 된다. 그리고 수긍하는 듯 고개를 끄덕여라. 마음속으로는 웃어넘기는 여유가 필요하다. 나는 내 길을 가면 된다.

라떼는 나 때 일 뿐

윗세대가 살아온 삶은 지금과 달랐다. 경제가 급속하게 성장하는 시기였기에 취업이 잘됐다. 저축만 해도 돈이 불어났다. 예금 이자율이 10%가 넘던 시대였다. 5년만 저축해도 내 집 마련이 가능했다. 80~90년대 지상파 방송에 '사상최악의 취업난 경쟁률 3:1' 이라는 뉴스를 기억하는가. 최종면접이 아니다. 서류심사가 3:1인 것이다. 취업이 무조건 되던 시대였다. 그럼에도 누군가 나 때는 말이야 라고 이야기할 것이다. 취업뿐만 아니라 연애, 결혼, 내 집 마련 등 모든 분야에 대해 이야기할 것이다.

경제생활도 마찬가지다. 회사가 내 삶을 책임져주던 시대는 끝났다. 그래서 지금 가장 인기 있는 직업은 공무원이다. 경쟁률도 가장 높다. 급여는 가장 적은데 말이다. 왜일까? 안정적이기 때문이다. 복지가 훌륭하고, 연금제도로 노후를 보장받는다. 우리는 안다. 주5일 8시간 근무, 법정 휴가, 육아휴직 등 사회 제도는 일반 사기업에서 지켜지지 않는다는 사실을. 대기업 퇴직 후 치킨집을 차렸다가 망하는 김씨의 사례를 보며 공무원 연금을 받는 옆집 박씨의 삶을 부러워한다. 그렇게 세상이 변했다.

변한 세상에선 더 이상 회사가 날 책임져주지 않는다. 원래도 책임져주지 않았지만 이젠 믿음마저 사라졌다. 자본주의 시대, 이 시대에서 살아남기 위해서는 자본이 필요하다. 직업과 소득은 분명 중요하다. 하지만, 그보다 더 중요한 것은 무엇을 소유했느냐다. 그게 이 시대의 정의다.

과거는 과거다. '라떼는'도 과거일 뿐 현재를 대신할 수 없다. 과거의 망령에 붙잡혀선 안 된다. 누가 무슨 말을 하던 그 말에 휩쓸리면 안 된다. 우리가 집중해야할 것은 현재 그리고, 자기 자신이다. '라떼는' 끝났다. 난 나로서 현재를 산다.

최고의 복수

사람은 누군가에게 해를 당하면 복수하고 싶어진다. 물질 뿐만 아니라 정신적으로도 마찬가지이다. 물질적 가해는 보통 금전적으로 환산이 가능하다. 그래서 민사상, 형사상 소송도 진행할 수 있다. 하지만 정신적 가해는 평가하기 어렵다. 그래서 이를 따지거나 보상받기도 어렵다. 정신적 가해를 당하면 마음의 상처로 남거나, 원치 않는 트라우마가 생기기도 한다.

강자는 약자를 괴롭힌다. 강자를 괴롭히면 오히려 되레 크게 당할 수 있기 때문이다. 약자는 강자를 괴롭힐 엄두도 내기 힘들다. 이 사회에서 흙수저가 약자라면 흙수저의 삶 또한 마찬가지

일 것이다. 어린 시절 성장과정부터 성인이 된 후의 사회생활까지 세상에서 말하는 도덕적, 윤리적 정의대로 인간이 가진 존엄 그대로 처우받기 어렵다는 것을 자연스럽게 깨닫게 된다.

학창시절 난 공부를 못했다. 운 좋게 인문계 고등학교에 들어갔지만 그 안에선 평균에도 미치지 못했다. 모의고사를 보면 담임선생님이 점수 순서대로 일으켜 세웠다. 모든 학생이 보는 앞에서 대놓고 망신을 주는 것이다. 높은 점수에서 낮은 점수로 갈수록 부끄러운 감정이 높아졌다. 낮은 점수의 학생들은 얼굴을 푹 숙인 채 일어섰다. 바닥에 가까워질수록 부끄러운 감정은 치욕스러운 감정으로 변해갔다. 왜 그런 대우를 받아야하는지 알 수 없었다. 하지만 그렇게 대우하니 그런 줄 알고 감내했다. 희망 대학을 써내자 담임선생님이 날 불렀다. 그리고 말했다. "니 점수로는 택도 없다." 이상하다. 희망 대학을 알고 싶은 것은 담임 선생님이다. 난 성실하게 답했을 뿐이다. 내 희망이다. 근데 왜 내가 그런 답변과 평가를 받아야 했을까. 학창시절 가장 많이 들었던 흙수저 주문은 아이러니하게 선생님께 들었다.

복수하고 싶었다. 맘 같아서는 선생님의 말 한마디 한마디에 반박하고 싶었지만 그럴 수 없었다. 그러면 싸가지 없는, 예의 없는 학생이 되어 두드려 맞고 더 나아가 엄한 부모님을 불러 연대 책임을 지게 할 게 뻔하다. 그럼 어떻게 해야 할까? 운이 좋게 난 고3때 좋은 짝꿍을 만났다. 내 짝꿍은 1등을 놓치지 않는 우수생이었다. 그 옆에서 공부를 어떻게 하는지 배울 수 있었다. 가장 가까운 곳에 성공의 증거이자 멘토가 있었던 것이다. 그렇게 고3을 보내고 수능시험을 마쳤다. (사실 중간에 수시를 지원하고자 했으나 담임선생님은 또 택도 없다며 허락하지 않았다.) 중요한 사실은 수능 시험이 대박 났다는 것이다. 모의고사 점수보다 수능 시험 점수가 높았다. 수능 시험 성적표가 배부된 날 담임선생님의 표정이 기억난다. 알 수 없는 표정이었다. 분명 입은 웃고 있지만 눈빛과 정신은 혼란스러워보였다. 그 표정을 보니 기분이 좋았다. 훌륭한 복수였기 때문이다.

흙수저의 삶을 사는 과정 속에서 나를 깎아 내리려는 주변 사람들이 많았다. 지금도 많다. 왜 그러는지는 진정으로 알 수 없지만, 표면적으로는 모두 날 위한다는 말과 표정으로 포장되어 있었다. 첫 직장을 그만 두겠다 이야기 했을 때, 두 번째 직장을 그만 두겠다 이야기 했을 때, 다른 회사이지만 모두 한결같은 이야기를 했다. '안에 있을 때가 편하다. 너가 하고자 하는 게 얼마나 힘든지 아냐?' 그들은 모두 내가 할 수 없을 거라 이야기했다. 나 말고 다른 친구들에게도 비슷한 이야기를 했을 것이다. 그 이야기를 들은 상당수는 꿈을 포기하고 조직에 안착했을 것이다. 만류에도 불구하고 그만둔 친구들에 대해서는 커피 한잔하며 '인내심 없는 놈, 세상 물정을 모르는 친구'라며 걱정해주는 척하며 평가하고 있을 것이다.

그들은 모두 내가 그 자리에 안주해있길 바랬다. 그들의 말을 거부하기 어려웠다. 나이도 많고 사회적 지위도 높은 사람의 말이었기 때문이다. 그럼에도 난 결단하고 실행했다. 그 말에 굳이 반박하거나 싸우지 않았다. 아무리 말해도 이해할 수 없을 것이기 때문이다. 이해하려 시도하지도 않았다.

지금도 누군가 흙수저 주문을 걸고 있을 것이다. 변화를 꿈꾸고, 더 잘살길 원하는 사람들에게 말할 것이다. 지금 그대로, 그 자리에 있으라고. 이 말은 사실 그 말만큼 그들이 우릴 평가하고 있다는 방증이다. 그 말은 듣는 이의 한계를 규정짓고 있기 때문이다. 성공으로 그 말이 틀렸음을 보여줘야 한다. 결과로 증명해야한다. 그리고 확인해야한다. 성공을 바라보는 상대방의 눈빛과 그 안의 떨림을. 그것이 최고의 복수다.

가난한 자의 무기

"내가 가난한 건 아빠 때문이야".

"내가 돈을 못 번 건 엄마 때문이야."

"난 운이 안 좋았어. 운이 나빠서 이렇게 된 거야."

"부자들은 투기꾼이야. 부자들은 불행할거야."

"저 사람이 부자인 건 운이 좋아서 그래."

사람들은 돈에 대한 이중성을 갖고 있다. 특히 이런 말을 하는 사람은 더 그럴 가능성이 높다. 내가 가진 돈, 내가 번 돈은 가치 있고 소중한 것이다. 그러나 남이 가진 돈, 남이 번 돈은 소중하지 않다. 특히 가난한 자가 힘들게 번 돈은 더 가치 있고 더 소중한 돈이고 부자가 쉽게 번 돈은 소중하지 않은 더러운 돈이라고 치부한다.

표현의 차이가 있을 수 있지만 공통된 사실을 찾을 수 있다. 내 돈과 남의 돈을 구분한다는 사실. 가난한 자의 돈과 부자의 돈을 구분한다는 것. 동일한 가치를 지닌 돈, 화폐지만 그 가치를 동일하게 인식하지 않는다는 사실이다. 그러나 본질은 동일하다. 가난한 자가 힘들게 번 100만 원으로 200만 원짜리 물건을 구입할 수 없다.

왜 돈에 대한 이중성이 생겨났을까? 여러 가지 원인이 있겠지만, 그중 하나는 본인의 삶과 처지에 대한 합리화다. 동일한 삶을 살고 있지만, 동일한 시간과 기회가 주어졌지만, 누군가 나보다 더 많은 돈을 벌고 더 부자로 살아가고 있을 때 느껴지는 박탈감. 그 상대적 박탈감으로부터 해방되기 위해 필요한 반대급부(反對給付)로 필요한 논리. 요즘 말로 정신승리(精神勝利)다.

내가 힘들게 노동으로 돈을 벌고 있을 때, 이웃집 김 씨는 월세로 편하게 돈을 번다. 내가 전세대출을 갚아 나갈 때, 친한 친구의 집값이 몇 억씩 오른다. 나의 현실, 그리고 그 현실을 만들어 낸 나의 잘못된 선택과 그 과정들을 비판하기보다는 쉽고 편리하게 합리화함으로써 마음의 위안을 얻고 싶은 유혹이 찾아온다. 이 유혹의 진짜 본질은 '변화를 거부하는 관성'이다. 잘못된 결과엔 잘못된 과정이 있었을 것이다. 잘못된 과정으로 인해 잘못된 결과가 발생했다면, 잘못된 과정을 변화시켜 올바른 결과를 얻어내야 한다. 그럼에도 불구하고, 잘못된 결과를 받아들이지 못하고, 또 잘못된 과정을 변화시키지도 않는 것이다.

돈에 대한 이중성. 다른 말로 가난한 사고방식이다. 부자가 되는 것을 어렵게 만드는 가난한 사고방식 말이다. 부자가 되길 원한다면 부자의 사고방식을 가져야 한다. 가난한 자의 무기만 써선 부자가 될 수 없다. 이중적 사고, 합리화를 넘어 진실을 알아야 한다.

진실은 무엇일까? 부자는 불행하지 않고, 행복하다는 사실. 부동산 가격이 오른 것은 투기꾼 때문이 아니라, 저금리, 인플레이션 효과와 더불어 양적완화를 바탕으로 글로벌 자산 시장에 유동성이 풍부해졌기 때문이란 사실을 알아야 한다. 남이 돈을 벌면 외면하지만, 속으론 부러워하고 있다는 사실. 겉으론 부자를 경멸하지만, 속으로는 부자를 부러워한다는 사실을 인정해야 한다. 그리고 무엇보다 내가 가난한 원인은 남이 아닌 나 자신에 있다는 사실. 정부, 사회, 부모, 친구, 교육, 운 등 나 이외의 존재가 아닌 나 자신이 지금의 현실을 만들었다는 사실. 이 모든 사실을 인정하고 마주해야 한다. 그리고 솔직해져야 한다.

'돈이 좋다. 부자가 되고 싶다. 가난이 싫다. 지금의 나는 과거의 내 선택에 따른 결과물이다' 그렇기 때문에 변화해야 한다. 가난한 자가 아닌, 부자와 함께해야 한다. 가난한 사고방식을 버리고, 부자의 사고방식을 습득해야 한다. 가난한 소득 구조를 탈피하고, 부자의 소득 구조를 가져와야 한다. 누군가 돈을 벌었다고 하면, 가까이 가서 조금이라도 배워야 한다. 마음을 열고 원하는 것을 받아들이고 행동으로 실천해야 한다. 가난한 자의 무기를 지금 당장 버리도록 하자.

변해야 하는 것

현실에 불만족 할 때, 불만족을 제거하고 싶을 때, 더 잘살고 싶을 때, 더 행복해지고 싶을 때, 근데도 그게 잘 안될 때, 해야할 것이 있다. 바로 변화하는 것이다. 흙수저에서 벗어나 부자가 되고 싶다면 변해야 한다.

주어진 환경이나 나 자신, 둘 중 하나는 반드시 변해야한다. 주어진 환경을 바꾸긴 어렵다. 크게는 국가와 정책, 사회에서 작게는 부모와 부모의 재산, 배우자까지. 그렇다면 나머지 하나 나 자신이 바뀌어야 한다. 나 자신을 바꾸는 것이 가장 빠르고 현실적인 방법이다.

날 바꾼다면 무엇부터 바꿔야 할까? 기존에 갖고 있던 생각들, 사회화되며 배워왔던 모든 것들, 세상에서 내게 강요해왔던 것들 등. 모든 것들을 점검해보고 바꿀 것이 있다면 바꿔야 한다. 그러면 자연스럽게 행동으로 연결된다. 환경이 바뀌길 기다릴 수 있다. 내가 원하는 세상이 오길 바랄 수 있다. 훌륭한 정치인이 나타나 내 삶을 바꿔주길 바랄 수 있다. 과연 그런 일이 일어날까? 그런 일이 일어날 확률과 내가 쟁취하는 것 중 어느 것이 더 빠르고 가능성이 높을까?

난 옥탑방에서 탈출했다. 내가 옥탑방에서 나온 것은 누군가 날 걱정해줘서가 아니다. 누군가 고맙게 날 꺼내준 것도 아니다. 정부 정책이 날 탈출시켜준 것도 아니다. 옥탑방은 내 의지와 노력에 의해 내 발로 나왔다. 환경을 바꿀 수 없었다. 세상이 알아서 바뀌지도 않았다. 그래서 난 나 자신을 바꿨다. 그렇다. 변해야 하는 것은 나 자신이다.

인생은 자동이 아니다

난 어릴 때부터 게임을 좋아했다. 특히 RPG게임을 좋아했다. 디아블로2가 나왔을 때는 밤을 새서 게임을 해도 피곤하지 않았다. 요즘에는 PC가 아닌 스마트 폰으로 게임을 한다. 세상이 바뀐 것이다. 그러다 보니 게임 시스템도 많이 바뀌었다. 컴퓨터처럼 스마트 폰을 계속 조작하며 장시간 게임을 할 수 없으니, AUTO 시스템이 도입 된 거다. 이제 게임만 접속하면 자동으로 게임이 진행된다. 플레이어는 구경만 하면 된다. 자동으로 이루어지면 편하다. 가장 먼저 몸이 편하다. 그리고 긴장감이 낮아진다. 자연스럽게 머리를 덜 쓰게 된다. 게임은 내가 아닌 시스템이 한다. 난 게임만 켜두면 된다. 부족한 것은 현금결제를 통해 보충하면 된다. 이게 게임회사의 비즈니스 모델이다. 게임은 그렇게 수동에서 자동으로 발전했다.

　　우리 삶도 수동에서 자동으로 발전하는 듯 보였다. 태어날 때부터 죽을 때까지 국가에서 만든 행정 매뉴얼에 따라 움직이게 된 것이다. 아이가 태어나면 1개월 이내에 출생신고를 해야 한다. 그렇게 국가 전산에 등록되면 자연스럽게 각종 의료접종부터 케어까지 시스템에 따라 움직이게 된다. 시기에 따라 각종 백신을 접종하고, 정부의 지원금을 받아 어린이집, 유치원에 보낸다. 초등학교, 중학교, 고등학교로 순서에 맞춰 공교육을 받는다. 의무교육이 도입되었기 때문에 국민은 취학의무를 갖고 국가의 책임 아래 교육을 받아야 한다. 시간이 지나면 자동으로 성인이 된다. 대학도 간다. 대학진학률은 100%에 가깝다. 원하면 다 대학에 진학한다. 학생이 부족해 대학에서 학생을 모집하기 바쁘다. 이 과정을 거치며 우린 자연스럽게 느낀다. 인생이 자동으로 흘러가는구나. 대부분의 사람들이 비슷한 과정을 거치게 된다. 원하던 원치 않던 다 같이 이 시스템에서 움직이게 된다. 그 안의 차이가 있을 뿐 큰 틀에서 보면 똑같은 과정을 거친다. 이후 취업, 연애, 결혼, 출산, 부양, 내 집 마련 등 모든 것이 자동으로 될 것이라 생각한다.

중요한 점은 인생의 전반부와 달리 중반부를 넘어서면 모든 것이 자동으로 이루어지지 않는다는 사실이다. 국가에서 책임질 수 있는 부분의 한계가 생기기 시작하는 것이다. 대표적인 것이 바로 취업과 결혼, 출산, 내 집 마련이다. 정부는 2030세대를 겨냥하여 일자리 정책을 최우선으로 내세우지만 취업은 갈수록 힘들다. 과거와 비교도 안 되게 힘들다. 어린 시절 나이가 차면 자연스럽게 중학교에서 고등학교로 진학하고 20살이 되면 성인이 되던 프로세스와 완전히 다르다. 대학을 졸업해도 자동으로 직업이 생기지 않는다. 대학을 졸업하고 20대 후반, 30대가 되더라도 직업이 없을 가능성이 높다. 백수지만 표현은 취업준비생이라 한다. 취준생이 백수보다 부르기도, 듣기도 좋다. 취업을 해도 또 새로운 문제가 시작된다. 취업이 힘들기 때문에 취업하면 나머지 문제가 모두 해결 될 거라 착각한다. 하지만 이것은 희망사항이다. 연애와 결혼은 당연한 것이 아니다. 부모님께서는 볼 때마다 시집, 장가를 노래하지만 현실이 녹녹치 않다. 연애를 하더라도 내 집 마련과 육아를 생각하면 앞이 막막하다. 어릴 때 상상하던 현실과 나이가 먹어 경험하는 현실 간의 괴리가 크다.

나 또한 이 모든 과정을 거치고 결혼까지 하면 내 집이 당연히 생길 줄 알았다. 왜냐면 결혼한 어른들을 보면 모두 내 집이 있었기 때문이다. 어린 시절 내가 본 어른은 대부분 그랬다. 적어도 전셋집은 마련했다. 나도 당연히 그 정도는 될 줄 알았다.

그래서 난 내가 흙수저라고 생각 안하고, 아니 못하고 살아 왔다. 그것은 내가 비슷한 사람들만 만났기 때문일 수도 있겠지만, 부모님의 노력 덕분 일게다. 부모님께서는 항상 말씀하셨다. '내가 먹을 거 못 먹고 입고 싶은 거 못 입어도, 너 하고 싶은 건 다 해줬다'고. 이것은 부모님의 자랑이다. 본인보다 자식을 더 사랑한다는 부모님의 금수저급 사랑을 나타내는 멘트다. 이 말을 수 십년 간 듣고 자라다 보니 나도 모르게 부모님의 기대에 대한 의무감이 강하게 자리 잡았다. 부모님께서 원하는 대학에 가고 원하는 기업에 취업하면 효도하는 것이라 생각했다. 하지만 사실은 부모님의 삶 속에서 느낀 부족함과 한을 나를 통해 보상받고 싶은 심리는 아니였을까 조심스레 생각해본다.

하지만 성인이 되면 보는 시야도 달라지는 법. 서울에 가니 이전과 다른 세상을 보았다. 비좁은 옥탑방에서 친구와 함께 자취할 때 난 내가 부족하다고 느끼지 못했다. 하지만 자취방에 놀러온 동기가 집을 보며 놀라는 모습을 볼 때 진짜 현실을 깨달았다. 당시 친구는 강남에 살고 있었다. 그 친구의 눈빛과 말 하나하나가 고스란히 기억에 남는다. 내 용돈과 부모님의 소득을 물었다. 난 아무렇지 않게 대답했다. 친구는 더 놀라며 답했다. 본인 용돈과 우리 부모님 소득이 비슷하다고. 그게 어쩌면 나에게 하나의 큰 전환점이 되었다. 대오각성(大悟覺醒)의 계기.

다시 현실로 돌아와 집 이야기를 해보자. 난 결혼하면 집이 자동으로 생기는 줄 알았다. 먼저 결혼한 친구들을 봐도 다들 집이 생기는 것처럼 보였다. 흔치는 않지만 부모님께서 집을 사주시는 경우도 있었고, 못해도 전세방은 구해서 들어갔다. 당연히 나도 그에 맞추어 그리 될 거라 상상했다. 하지만 그렇지 못했다. 길거리에 세워진 수많은 아파트, 성냥갑처럼 세워진 아파트 중 우리 부부가 들어갈 곳은 어디에도 없었다. 전세방도 없었다. 아니, 집이 있어도 돈이 없었다. 그래서 점점 밀려났다. 역세권에서 역세권이 아닌 곳으로, 초품아에서 초품아가 아닌 곳으로, 화장실이 2개 있는 곳에서 화장실이 1개 있는 곳으로, 아파트에서 아파트가 아닌 곳으로. 계속 점점 더 밀려나갔다. 눈을 낮추고 낮추고 또 낮췄다. 안그러면 부모님께 계속 붙어있거나, 길거리에서 살아야 한다.

이것은 현실이다. 자동으로 이루어지지 않는다. 시간이 지난다고 해결되지 않는다. 취업, 연애와 결혼, 출산과 육아, 내 집 마련 등 인생의 중후반부는 모두 수동이다. 적극적으로 운전석에 앉아 조율하지 않으면 엄한 길로 빠질 수 있다. 만약 바다 위의 배라면 침몰할 수도 있는 것이다. 다시 말해, 인생은 자동이 아니다. 남은 인생의 문제들이 시간이 지나면 자동으로 해결될 거라 착각하면 안 된다. 우리 삶은 시간이 지난다고 다 해결되지 않는다. 오히려 문제가 더 커지는 경우도 많다. 다시 한번 말하지만, 인생은 자동이 아니다.

부는 선형으로 증가하지 않는다

난 오랜 시간 과거의 성공 방정식을 맹신해왔다. 그 믿음 중 하나는 열심히 저축하면 돈이 조금씩 늘어나 자연스럽게 내 집이 마련되고 노후준비도 된다는 것이다. 그렇기 때문에 목표를 달성하기 위해 더 열심히 일했다. 더 좋은 인사고과를 받고 더 빨리 승진하기 위해 노력했다. 그래야 월급을 더 받을 수 있었다. 만약을 대비해 보험도 두둑하게 가입했다.

과거의 방정식에 따르면 부는 선형으로 증가한다. 그래프로 만들면 점진적으로 우상향하는 그래프를 나타낼 것이다. (아주 낮은 기울기로 증가할 것이다.) 난 이 방정식에 따라 살아왔다. 그래프에 나타난 부의 기울기를 더 가파르게 높이기 위해 더 열심히 일했다. 인정받기 위해 최선을 다했다. 몸과 영혼을 갈아 넣었다. 하지만 그래프의 기울기는 내 마음처럼 올라가지 않았다. 오히려 목표점에서 더 멀어지는 느낌을 받았다. 젊은 시절을 모두 다 바쳐 얻을 수 있는 것이 고작 내 집 하나, 그마저도 불확실했다. 그러다 보니 YOLO의 유혹이 이따금 강하게 덮쳐왔다. SNS에 접속하면 값비싼 레스토랑에서 식사를 하는 친구들의 사진이 올라왔다. 해외여행에서 찍은 사진들이 도배를 하고 있었다. 소비의 달콤한 유혹을 이기기 어려웠다. 기분 좋게 나도 다녀왔다. 요즘 말로 플렉스한 것이다. 결과는 좋지 않았다. 좋은 곳에 내 집 마련을 하는 친구들이 나타났다. 부모찬스가 있었던 것이다. 그렇다. 그 친구들은 기댈 곳이 있었던 것이다. 난 기댈 곳도 없는데 덩달아 과소비를 했다. 결과는 내가 책임져야 한다. SNS에 찍힌 좋아요와 댓글로 내 삶을 바꿀 수 없다.

현실 속 부자들을 많이 만났다. 그들과 많이 대화했다. 업무적 대화도 있었지만 내 개인적 대화도 많이 나누었다. 책도 많이 읽었다. 책을 통해 저자들과 많은 대화를 나누었다. 한 가지 공통적인 큰 특징이 있었다면 그들은 저축해서 부자가 되지 않았다는 사실이다.

내가 아는 부자는 모두 투자를 했다. 사업, 부동산, 주식 등에 투자했다. 저축을 안했다는 것이 아니다. 그들이 저축한 이유는 투자를 하기 위한 저축이었다. 흔히 말하는 시드머니(Seed Money)를 만들기 위해 저축했다. 내 인맥의 한계가 있을 수 있겠지만, 현실에서 만난 사람들 중 대부분은 부동산 투자를 했다. 100억대 자산가도 자산의 90%는 부동산이었다. 물론 책에서 만난 수천억 이상의 자산가들은 대부분 사업(주식)으로 부자가 됐다.

모두 나에게 부동산 투자를 권유했다. 늦지 않았다고, 한 살이라도 어릴 때 시작하라 조언해주었다. 그러면 어느 순간 돈이 확 불어나 있을 거라 이야기해주었다. 이 말을 처음 들었을 땐 맘에 와닿지 않았다. '아니 지금 집값이 얼마나 비싼데' 자기들은 돈이 많으니까 부동산도 투자 할 수 있는 것이지, 나처럼 돈이 없는 사람은 시작도 할 수 없다'고 생각했다. 집값이 떨어지길 기원했다. 부자들을 욕했다. 다주택자 때문에 내 집이 없다고 생각했다. 그들의 말에 오히려 반발심이 든 것이다. 이 마음(생각)을 바꾸는데 오래 걸렸다. 당연하다. 가난한 사고를 수 십년간 배우고 또 지니고 살아왔기 때문이다.

결과론적으로 다행인 사실은 마음이 바뀌었다는 사실이다. 늦었지만 바뀌었다. 그리고 실행했다. 과정은 쉽지 않았다. 원리와 원칙(기준)이 없었기 때문에 시행착오가 많았다. 조급한 마음이 날 계속 흔들었다. 하지만 믿음을 갖고 전진했다. 그리고 변화했다. 투자에는 기다림이 필요했다. 그리고 그 기다림을 완성시키기 위해서는 믿음이 필요했다. 그리고 그 믿음을 지키기 위해서는 나만의 원리와 원칙이 필요했다. 그리고 그 기다림은 가파른 부의 상승을 가져왔다. 그래프의 기울기가 확 솟았기 때문이다.

코로나 아니면 2015년 이후 나타난 집값 급등 때문이라고 생각하는가? 그렇지 않다. 이 세상은 그렇게 흘러왔다. 그것도 오랜 세월 그렇게 흘러왔다. 구조적으로 그렇다. 서울 집값과 관련한 50년 차트를 보라. 통화량을 나타내는 M1, M2 차트를 보며 현실을 알아야 한다. 이것이 진짜 현실이다.

과거의 성공방정식은 더 이상 통하지 않는다. 게임의 룰이 바뀌었다. 게임의 해법도 바뀌어야 한다. 믿음도 바뀌어야 한다. 부는 선형으로 증가하지 않는다.

체면 vs 실속

대한민국에서 체면은 매우 중요하다. '체면이 서다'는 말도 있다. 그렇기에 체면이란 단어는 단어보다는 문화에 가깝다. 체면 문화는 많은 것에 영향을 미친다. 의식주를 포함한 가족관계, 학력, 직업, 외모, 나이, 결혼 유무, 자녀 등. 체면 문화 속 우리는 끊임없이 남을 의식하게 된다. 그러다 보니 자연스럽게 눈치를 보게 된다. 눈치 또한 단어이면서도 문화와 같다. 눈치 문화. 눈치를 안 보려 해도 이미 문화가 되어 눈치를 주는 많은 사람들이 있다. 이 또한 앞서 열거한 여러 것들에 영향을 미친다.

정보화 시대, IT기술이 발달하며 앞서 이야기한 것들이 우리 사회를 더 강하게 장악했다. SNS에는 많은 사람들이 서로 더 좋은 모습, 나은 모습을 보이기 위해 끊임없이 경쟁한다. 화려한 외모와 포토샵, 명품 의류, 고가의 외제차 등 자신의 직, 간접적 지위, 부, 명예, 삶의 수준 등을 나타내기 위해 노력하고 있다.

옳은 것은 없다. 하지만 흙수저에 있어 이러한 것들은 온전한 나 자신을 찾아가는 과정에 있어 극복해야 할 장애물 중 하나다. 계속 강조하겠지만 무늬만 부자가 아닌 진짜 부자가 돼야 한다. 부자의 기준을 타인이 아닌 나 자신에게 가져와야 한다. 체면과 눈치. 둘은 다른 단어이지만 비슷한 면이 많다. 이 둘은 동의어가 아니다. 이 둘의 반의어도 없다. 그럼에도 불구하고 난 '실속'이란 단어를 반의어로 사용하겠다.

체면과 실속 둘 중 어느 것이 더 중요하다고 생각하는가? 지금까지 체면과 실속 중 어느 것을 더 중요시하고 살아왔는가? 그동안 남의 눈치를 보며, 체면을 지키기 위해 살아왔다면 바꾸자. 타인의 평가보다 중요한 것은 나 자신이다. 기준은 남이 아닌 나 자신이다. 어제보다 나은 오늘이 필요하다. 실속 있는 삶은 본인을 위한 것이다.

성공을 바라는 자

　오랜만에 친구한테 연락이 온다. "잘 지내냐." 이런저런 이야기를 한 후 마무리 인사는 항상 똑같다. "식사 한번 하자." 성인이 되고 난 후 이런 흐름의 대화가 많아지고 있다. 이유는 다양하다. 취업, 회사생활, 자녀양육 등 각자 자기만의 이유를 갖고 있다. 이런 대화가 있으면 항상 궁금했다. 왜 식사를 한번 하자고 이야기하는지. 진정 식사를 원하면 날을 잡아야하는 것이 아닌가? 식사 한번 하자는 친구의 말에 난 묻는다. "시간 언제 되냐?" 그럼 반응은 둘이다. 당장 날을 잡는 친구와 먼 훗날로 미루는 친구. 여기서 말의 숨은 뜻을 알 수 있다. 식사 한번 하자는 말이 인사치례인지 진심인지. 왜 내가 잘 지내나 궁금한지.

잘 지내냐는 말의 숨은 뜻은 무엇일까? 오랜만의 대화에 어색함을 풀기 위한 아이스 브레이크일까? 난 그보다 정보 탐색의 목적이 더 크다고 생각한다. 어떤 정보의 탐색일까? 상대방이 잘 지내고 있는지, 못 지내고 있는지 탐색하는 것이다. 왜 상대방이 잘 지내고 있는지 알려고 하는 것일까? 그래야 본인이 잘 지내고 있는지 알 수 있기 때문이다.

그렇다. 아이러니하게도 많은 사람들의 기준이 자기 자신이 아닌 타인에게 있다. 타인 중에서도 가까운 또래나 친구들을 기준으로 삼는다. 잘 지내냐는 말과 이어지는 대화를 통해 본인이 지금 잘하고 있는 것인지, 본인의 현재 상황이 어느 정도 수준인지 점검해보는 것이다. 슬픈 사실은 이러한 기준이 자리 잡히면 누군가의 불행이 본인의 행복이 될 수 있다는 점이다. 사촌이 땅을 사면 배가 아프다는 속담이 있다. 가족인 사촌이 땅을 사도 배가 아픈데, 가족 외의 지인이 잘된다면 얼마나 배가 아플까?

모두가 그렇다는 것은 아니다. 그래도 가장 확실한 사실은 다음과 같다. 내 성공을 가장 간절하게 원하고 바라는 사람은 바로 나 자신이라는 사실이다.

모두 부자가 될 수 없다

모두 다 같이 잘사는 나라! 얼마나 듣기 좋은가? 선거 때마다 나오는 이 문구는 유토피아적 이상을 담고 있다. 많은 사람들이 정치인의 원대한 꿈을 담은 이 말에 이끌린다. 가슴이 웅장해진다. 하지만 현실은 그렇지 않다. 그럴 수 없다. 이 시도는 과거에서부터 계속 있었다. 공산주의가 이미 실패했다. 빈부격차를 없애려했던 마르크스의 생각은 현실에서 실패했다. 전 세계에서 가장 잘 사는 나라가 어디인가? 미국이다. 전 세계에서 가장 잘 사는 나라도 빈부격차가 극심하다. 경제가 발전하고 더 나아가 엄청난 호황이 오더라도 모두 다 같이 잘 살 수는 없을 것이다. 그 중 누군가는 부자가 될 것이고 그중 누군가는 다시 가난한 자가 될 것이다.

부자와 가난한자, 중산층과 서민, 집주인과 세입자, 임대인과 임차인, 고용주와 근로자 등. 원하던 원치 않던 어느 한쪽에 속하게 될 것이다. 자본주의가 발전하면 할수록 빈부격차가 심해질 것이다. 자본주의 자체가 돈이 돈을 버는 것이기 때문이다. 파레토 법칙에서 나타난 8:2 사회는 계속 유지 될 것이다. 그래서 우린 선택해야 한다. 부자가 될 것인지 선택을 해야 한다. 중도가 있을 수 있겠지만, 그럼에도 불구하고 선택해야 한다. 부자가 될 것인지 가난한 자가 될 것인지. 집주인이 될 것인지 세입자가 될 것이지. 계속해서 선택해야 한다.

투자도 마찬가지이다. 집값의 하락을 걱정하며 집을 판매하는 매도자가 있을 때, 집값의 상승을 기대하며 집을 구매하는 매수자가 있다. 코로나로 주가가 더 떨어질까 걱정하며 주식을 매도하는 매도자가 있을 때, 저가매수의 기회로 삼고 주식을 매수하는 매수자가 있다. 근로자가 있어야 고용주가 있다. 세입자가 있어야 집주인이 있다. 가난한 자가 있어야 부자가 있는 것이다. 모든 것은 상대적이다.

모두가 부자가 될 수 없다. 부자는 소수이고, 그 또한 상대적이다. 하지만 한 가지는 절대 잊어서 안 된다. 우린 선택해야 한다는 사실을. 임대인이 될 것인지 임차인이 될 것인지. 부자가 될 것인지 가난한 자가 될 것인지. 난 전자를 선택하겠다.

무늬만 부자

부자(富者)란 재물이 많아 살림이 넉넉한 사람을 말한다. 부자를 바라보는 다양한 시선이 존재한다. 부정적인 시선부터 긍정적인 시선까지. 확실한 사실은 과거와 달리 최근에는 부자를 긍정적으로 인식하고 있다는 점이다. 집마다 위인전이 있던 시절이 있었다. 어린 시절 친구 집에서 본 최영 장군 이야기가 생각난다. 해당 위인전에는 다음과 같은 말이 나온다. '견금여석(見金如石)' 황금 보기를 돌같이 하라는 말이다. 그때는 이 말이 정말 멋지게 느껴졌다. 선조들이 돈을 밝히는 것을 천박하게 여기던 문화를 나타내는 말이다. 많은 사람들이 이런 위인전을 보며 성장했다. 그렇기에 비숫한 생각을 공유했었다. 역사에서도 알 수 있다. 조선시대 직업을 나눌 때 사농공상(士農工商) 순서로 나눈 이유는 돈을 천박하게 바라보는 사회적 인식을 바탕으로 한다.

하지만 세상이 바뀌었다. 현대시대 사농공상 중 최고를 뽑으라면 최고는 상(商)일 것이다. 상(商)을 대표하는 단어로 대한민국에만 존재하는 말이 있다. 바로 재벌이다. 과거 사(士)로 대표되는 선비들이 관직을 세습했다면 현대시대는 상(商)으로 대표되는 재벌(부자)들이 부를 세습한다.

많은 사람들이 부자가 되고 싶어 한다. 하지만 현실에서 부자가 되기는 쉽지 않다. 부자는 소수이다. 우리가 느끼는 부자의 개념은 상대적이다. 부모가 부자가 아니라면 자수성가해야 한다. 확률이 낮고 어렵다. 아니면 열심히 일해서 저축해야 한다. 시간이 오래 걸린다. 언제 될지 모른다. 과정에 변수도 많이 존재한다. 그럼 방법이 없는가? 그래서 많은 이들이 SNS에 집중한다. SNS에는 순간의 모습을 잘라 올릴 수 있다. 최고의 순간만을 포착하여 내가 원하는 방향으로 꾸미고 수정할 수 있다. SNS를 위해 과소비를 하기도 한다. 남들에게 보여지는 모습에 집착하는 것이다. 이렇게 하면 잠시나마 부자처럼 보일 수 있다. 무늬만 부자. 무늬만 부자는 다양하다.

먼저, 본인 소득수준에 맞지 않는 과소비를 하는 사람이 있다. 앞서 이야기한 것처럼 타인의 시선에 맞추어 본인을 보여주고 싶어 한다. 삶의 기준이 본인이 아닌 타인에게 넘어간 것이다. 과거에는 원룸에 살면서 외제차를 타는 사람이 대표적이었다. 최근에는 YOLO가 유행하며 트렌드가 변화하였다. 여기서 중요한 사실은 이런 종류의 소비는 본인의 미래를 갉아먹는다는 점이다.

다음으로 본인의 삶을 외부로 뺏긴 사람이 있다. 사회가 요구하는 대로 너무 열심히만 살아서 문제가 된 케이스다. 이들은 외관상 성공한 것처럼 보인다. 밤낮으로 충성을 다해 열심히 일하고, 그 대가로 회사에서 인정받는다. 하지만 정작 본인 자신은 가족과 멀어졌다. 건강도 나빠졌다. 사업(자영업)을 열심히 해서 경영이 잘되고 있다. 하지만 이들 또한 전자처럼 개인의 삶을 돌보지 못한 사람들이 많다. 행복하기 위해 그렇게 열심히 살고 있지만, 정작 행복하지 않다. 이들의 공통점은 행복을 위한 수단이 목적이 돼버렸다는 점이다. 목적전치현상(目的轉置現象). 그 밖에도 다양한 케이스가 있다. 분명한 사실은 무늬만 부자인 사람들은 삶의 기준이 본인 자신에게 있지 않다. 사회에서 강요한 기준, 타인의 시선 등을 고려한다. 가장 큰 이유는 온전한 자기 자신의 기준과 원칙을 갖고 있지 않기 때문일 것이다.

그렇다면 진짜 부자는 어떠할까? 내가 보고 배운 진짜 부자, 그리고 경험한 진짜 부자는 본인만의 기준을 갖고 있다. 부의 절대적 규모는 중요하지 않다. 본인이 만족하면 그걸로 된다. 타인의 시선을 신경 쓰지 않는다. 경제적으로 성공했을 뿐만 아니라 생산수단을 바탕으로 온전한 자유를 누리며 행복하게 살아간다. 원하는 시간, 원하는 곳에서, 원하는 것을 하며 행복하게 살아간다. 진정한 자유인인 것이다. 정신적 자유와 경제적 자유.

무늬만 부자가 아닌 진짜 부자가 돼야 한다. 정신적 자유와 경제적 자유를 모두 누릴 수 있어야 한다. 그래야 행복할 수 있다. 그래야 온전한 존재로 자기 자신의 삶을 살아갈 수 있다.

경제적 자유

경제적 자유를 한 문장으로 정의하기는 어렵다. 사전마다, 사용하는 이마다 조금씩 정의가 다르다. 내가 생각하는 경제적 자유는 생산수단을 소유하고, 보유한 생산수단에서 본인의 생활수준만큼의 수동적 소득이 발생하는 것이다.

서른이 다 되서 경제적 자유의 개념을 처음 접하게 되었다. 충격적이었다. 그때 받은 충격은 이로 다 말할 수 없다. 이 놀라운 개념은 날 흥분되게 만들었다. 그전까지 내가 생각하는 부자는 단순하게 돈이 많은 사람이었다. 재산10억, 20억, 강남 아파트 등 자산의 규모가 큰 사람이 부자라고 생각했다. 그래서 내 삶의 목표도 승진과 함께 재산을 모으는 것이었다.

지금 생각하면 바보 같다. 재산을 많이 모은다고 한들 경제적 자유가 없다면 내 삶은 변화가 없을 것이다. 강남 아파트에 입성한다고 하여도 지금하고 있는 일을 억지로 계속 해야 한다면 허울만 좋아졌을 뿐 내 삶은 크게 변하지 않을 것이다.

난 근로자의 삶을 오랜 기간 살아왔다. 첫 직장은 대기업에 금융권이었다. 어린 나이에 고액 연봉을 받았다. 단순히 경제력을 기준으로 하면 또래 친구들보다 더 많은 급여를 많으니 더 행복해야했다. 하지만 불행했다. 너무 힘들었다. 건강도 안 좋아졌다.

난 내가 속한 직장이 문제라고 생각했다. 일이 너무 빡센 곳이라 그렇다고 생각했다. 첫 직장을 그만두며 돈보다는 워라벨이라고 외쳤다. 그 다음 직장도 금융권이었다. 돈은 덜 받지만 업무는 전보다 편했다. 근데도 불행했다.

왜일까? 돈을 많이 받을 때도 불행했고, 일이 더 편해져도 불행했다. 직장을 계속 바꿔도 결과는 마찬가지였다. 주변 사람들은 내가 끈기가 없어서 그렇다고 말했다. 누구보다 열심히 살았는데 왜 이런 결과가 나에게 찾아오는 것일까 고민했다. 고통스러웠다. 치열한 경쟁을 뚫고 들어간 회사를 내 발로 스스로 나오는 것이 너무나 고통스러웠다. 내 노력과 그에 따른 결과를 내가 뒤집고

무(無)로 만들어야 했기 때문이다. 그렇다고 고통을 참고 회사를 계속 다닐 수 없었다. 문제의 원인이 회사에 있다고 생각했기 때문이다.

근로자의 삶을 멈추고 창업을 할까도 고민했다. 하지만 창업을 할 수 없었다. 근로자의 삶을 살아왔기 때문에 관련된 경험과 지식이 전무했다. 모아둔 돈도 없었고 부모님께 도움을 요청할 수도 없었다. 대출을 받아 사업을 하자니 결과가 뻔히 예상됐다. 한 방에 창업에 성공하여 대박이 날 수도 있었겠지만 사실 망할게 뻔했다.

어쩔 수 없다. 배운 게 이거 밖에 없다. 돈도 없다. 취업 스펙을 쌓느라 내 삶의 대부분을 바쳐왔다. 어쩔 수 없이 다시 또 취업해야 한다. 돌고 돌아 간 곳이 결국 회사, 근로자의 삶이었다. 문제와 문제의 원인을 정확하게 진단하지 못하니 잘못된 답과 결과를 계속 가져왔다.

처음에는 나만 그렇다고 생각했다. 나만 이렇게 고통 받고 힘들어한다 생각했다. 다른 사람들은 회사생활이 잘 맞으니 그만두지 않고 계속 다닌다 생각했다. 하지만 그게 아니었다. 사실 다른 사람들도 힘들어했다. 우리 팀의 차장님이 말씀하셨다. '로또만 당첨되면…' 그러자 옆에 있던 과장님이 말씀하셨다. '차장님도

사셨어요? 저도 샀어요. 허허허' 로또로 모두가 하나 되는 순간이
었다.

로또에는 일확천금에 대한 욕망도 담겨있지만, 그와 동시
에 퇴사에 대한 열망도 담겨있다. 직급이 낮은 나뿐만 아니라 직급
이 높은 팀원들 모두 퇴사를 꿈꾸고 있었던 것이다.

왜일까? 연차가 쌓이고 직급이 높아지면 급여도 높아지고
업무도 익숙해져서 전보다 더 편해졌을 텐데, 왜 그들까지 모두 퇴
사를 꿈꾸고 있을까?

나는 그 이유가 자유에 있다고 생각한다. 자유다. 온전한
자유. 근로자는 직장에 다닌다. 누군가에게 고용되어 근로를 제공
하고 있는 것이다. 그(자유)에 대한 대가가 급여다. 노동과 돈을 교
환하는 것이다. 고용된다는 것은 회사와 계약을 맺는 것이다. 근로
계약. 근로계약에 따라 우리의 일신은 계약조건에 구속된다.

언제, 어디서, 무엇을 해야 할지 정해지는 것이다. 그것도
주5일 40시간이 정해진다. 사실 그보다 긴 시간이 구속된다. 해당
시간 우리에게 자유는 없다. 원하지 않는 시간, 원하지 않는 곳에
서, 원하지 않는 일을 해야 한다. 거기에 결정적인 하나가 추가된
다. 원하지 않는 사람.

백수 신분에서 가장 원했던 것은 취업이다. 아이러니하게 직장인이 되면 가장 원하는 것이 퇴사다. 하지만 퇴사할 수 없다. 돈이 없기 때문이다. 쳇바퀴처럼 돌아가는 삶. 행복을 찾아 떠나도 다시 돌아갈 곳은 회사 밖에 없다. 내 결론은 그렇다. 근로자의 삶에서 발생하는 모든 고통은 회사로부터 온다. 왜냐면 자유가 없기 때문이다.

그럼 고통에서 벗어나 행복해지기 위해서는 어떻게 해야 할까? 회사를 벗어나야 한다. 회사를 벗어나 자유를 찾아야 한다. 누군가 승진을 이야기할 수도 있다. 사람이 문제라면 고통을 주는 사람보다 더 높게 승진하면 된다고 생각하는 것이다. 하지만, 이것은 정답이 아니다. 이미 우린 알고 있다.

회사를 벗어나 자유를 찾아야 한다. 하지만 현실에서 그럴 수 없다. 왜냐하면 돈이 없기 때문이다. 그럼 돈이 있어야 한다. 돈을 벌기 위해서는 다시 회사에 가야 한다. 이 무한루프는 잘못된 루프다. 여기서 탈출해야 한다. 경제적 자유를 달성하면 이 잘못된 루프에서 탈출할 수 있다.

그렇다면, 경제적 자유를 달성하기 위해서는 어떻게 해야 할까? 생산수단을 모아야 한다. 생산수단을 모아 수동적 소득이 내 생활수준 이상을 감당할 수 있게 만들어야 한다. 그렇게 자유로

워져야 한다.

    정답은 경제적 자유 그리고 생산수단이다. 경제적 자유의 핵심은 생산수단이다. 생산수단을 잊지 말자.

생산수단

　흙수저의 반란에 성공하기 위해 흙수저를 넘어 금수저, 부자가 되기 위해 생산수단을 모아야 한다. 생산수단을 소유한 생산자(자본가)가 돼야 한다. 그래야 경제적 자유를 달성할 수 있다.

　하지만 생산수단이 없다. 흙수저이기 때문에 생산수단이 없다. 왜 흙수저는 생산 수단이 없을까? 돈도 없지만, 그보다는 근원적으로 생산수단을 모르기 때문이다. 그렇기 때문에 생산수단을 접할 기회도, 배울 기회도 없었다. 그렇다 보니 흙수저는 생산수단에 투자하지 않는다. 소득이 생기면 소비재를 소비한다. 소비에 만족을 느낀다. 그래서 소비하는데 삶을 투입한다. 그렇게 흙수저의 삶이 고착화되고 대물림 된다.

그나마 손쉽게 접근할 수 있었던 생산수단이 부동산, 바로 집이었다. 물론 내 집 마련을 생산수단의 개념으로 접근하는 사람은 많지 않다. 그럼에도 불구하고 우리 삶을 구성하는 필수재이기 때문에 많은 사람들이 내 집 마련을 위해 노력한다. 물론 그 마저도 힘든 것이 현실이다. 최근에는 더 힘들어졌다.

그럼 다시 생산수단이란 무엇인가? 재화를 생산해내는데 도움이 되는 것이다. 쉬운 말로 돈을 만드는 수단이다. 물론 누구나 가장 기초적인 생산수단을 보유하고 있다. 바로 노동이다. 하지만 이것은 한계가 있다. 누구나 다 갖고 있기 때문에 희소성이 없다. 희소성이 없다는 것은 가치가 적다는 것과 같다. 노동은 한계가 많다. 결정적인 변수가 존재한다. 만약 내가 다치거나 병들어 일을 할 수 없는 상황이 온다면 생산수단으로 기능하지 못할 것이다. 최악의 경우 사망에 이른다면? 생산수단도 사라지는 것이다.

그럼 노동 말고 다른 생산수단은 무엇이 있을까? 부동산(토지, 건물, 아파트 등), 주식, 기업, 예금, 채권 등 다양한 생산수단이 있다. 쉽게 생각하면 흙수저는 없고, 부자가 주로 갖고 있는 것이 생산수단이다. 한정된 자원으로 희소성을 갖고 있다. 그렇기에 스스로 가치가 증가한다. 일부는 이자, 배당, 월세 등으로 현금흐름이 발생하기도 한다. 무엇보다 나 이외의 존재로 외부에 존재한다. 이것이 가장 큰 장점이다. 내가 아프거나 병들어도 영향 없이 365일, 24시간 쉬지 않고 나를 위해 일을 한다. 더 나아가 내가 죽고 사라지더라도 상속, 증여되어 우리 가족을 위해 일할 것이다. 생산수단은 오랜 역사를 갖고 있다. 많은 경제도서에서 생산수단을 설명하고 있다. 물론 표현방법이나 지칭하는 단어는 조금씩 다르다. 나 또한 여러 책들을 통해 생산수단에 대해 알게 되었다. 그 중 인상 깊었던 내용은 1867년 발간 된 마르크스(Karl Heinrich Marx)의 『자본론(Das Kapital)』이다.

칼 마르크스는 1867년 『자본론』을 집필했다. 주요 내용은 자본가가 생산수단을 소유함으로서 노동자 계층을 착취한다는 것이다. (이때 주요 생산수단은 토지와 자본, 그리고 공장이었다.) 그래서 생산수단을 국가가 소유(독점)해야 한다고 주장했다. 생산수단의 사유화를 인정하지 않는 사회체제가 사회주의다. 하지만 사회주의는 실패로 끝났다. 우린 자본주의 사회에 살고 있다. 생산수단을 개인이 소유할 수 있는 세상에 살고 있다. 생산수단을 소유한 자는 자본가이다. 그렇지 않은 사람은 노동자이다. 마르크스에 따르면 근로자는 지금 자본가들에게 착취당하고 있다. 체제가 사회주의로 바뀌지 않는 한 착취를 멈출 수는 없다. 그럼 어떻게 해야 할까? 그렇다. 생산수단을 소유해야 한다. 그래야 노동자에서 자본가로 변모할 수 있다. 150년 전에도 부자가 되기 위해서는 생산수단이 필요했다. 세상은 변하지 않았다.

그럼 어떻게 해야 할까? 정답은 이미 나왔다. 생산수단을 이해하고 나아가 생산수단을 소유해야 한다. 그러기 위해서 생산수단을 모아가야 한다. 근로를 통해 얻은 소득을 소비재에 사용하면 안 된다. 소비재가 아닌 생산재에 투자해야한다. 스타벅스 커피를 마실 돈으로 스타벅스 주식을 사는 것이다. 스타벅스 커피는 소비재로 사라지겠지만 스타벅스 주식은 생산재로 나에게 귀속되어 가치가 상승하고 더 나아가 주기적으로 배당금을 줄 것이다. 소비재는 미래를 갉아먹겠지만, 생산수단은 미래의 자유를 선물할 것이다.

성공한 팀장님 실패한 사원

회사가 내 삶의 모든 것이었을 때, 내 삶의 멘토는 회사에서 고속 승진한 과장님과 팀장님이었다. 어떻게 하면 나도 저렇게 승진할 수 있을까 고민하며 항상 그들의 모습을 관찰하고 따라 하려 노력했다. 아침 7시 출근, 밤10시 퇴근, 평균적이지만 중요한 사실은 가장 일찍 출근해서 가장 늦게 퇴근한다는 사실이다. 근태부터 차별화를 두는 것. 나도 따라했다. 정해진 업무시간과 근로계약은 의미 없다. 남과 다른 모습을 보여야지 조직에서 주목받고 인정받아 원하는 인사고과를 받을 수 있다. 그게 내 삶의 목표였다.

팀장님은 그런 나에게 멘토나 다름없었다. 차장님보다 늦게 입사하고 나이도 어렸지만 먼저 팀장을 달고 부서를 지휘하고 있었다. 얼마나 좋은가? 입사는 느리지만, 더 많은 급여에 더 훌륭한 대우를 받는 것. 반면 안타까운 직원도 있었다. 승진에 실패한 만년 대리부터, 일 못한다고 항상 구박받는 옆자리 신규직원까지. 특히, 난 옆자리 신규직원이 안타까웠다. 회사 생활 초반 좋은 이미지를 구축하지 못하면 남은 회사 생활은 끝이라고 생각했기 때문이다. 나보다 동생이있는데, 이 친구의 관심사는 회사가 아니있다. 항상 다른 일을 하고 다녔다. 물론 난 그것에 관심이 없었다. 왜냐하면 내 관심사는 오로지 회사였기 때문이다.

회사, 조직의 관점에서 둘은 극명히 다르다. 회사에 삶을 바쳐 고속 승진한 팀장님은 성공한 사람이다. 반면 입사부터 무능하게 찍힌 사원은 회사 생활이 완전 꼬였다. 만년 대리를 예약한 것이다.

시간이 지났다. 그 사이 내 삶의 기준이 변화했다. 이 둘을 보는 나의 관점 또한 변화했다. 관심사가 바뀌다 보니 둘을 관찰할 때 보이던 부분도 달라졌다. 회사를 떠나 개인의 삶을 관찰하기 시작한 것이다. 팀장님의 개인적 삶은 어땠을까? 팀장님은 항상 고민이 있었다. 자녀와 관계가 좋지 못했다. 고3 자녀가 있는데 공부를 안 한다고 했다. 공부를 못하는 거 보단 사실 대화가 통하지 않는다 했다. 집안 이야기만 나오면 항상 한숨을 쉬셨다. 대화가 단절된 가족관계.

왜일까? 어린 시절 자녀와 시간을 함께 보내지 않았기 때문이다. 회사에 있느라 집에 갈 수 없었던 것이다. 평일 저녁은 물론 주말에도 회사 모임에 참석하느라 가족과 함께 보내지 못했다. 못했다 보단 안한 것이 명확하겠다. 왜냐하면 팀장님께는 선택의 기회가 있었다. 가족이 아니라 회사를 선택한 것이기 때문이다. 팀장님은 회사에선 성공한 것 같지만 가정에선 성공하지 못했다. 가족과는 점점 멀어졌고 그럴수록 회사에서 보내는 시간은 더 길어졌다. 휴일에도 회사에 나오는 것을 편해하셨다. 대화의 단절이라 했지만 정확하게는 관계가 단절됐다.

그럼 내 옆의 신입사원은 어땠을까? 이 친구는 회사에 큰 관심이 없었다. 부모님께서 뽑아주신 차를 타고 놀러 다니느라 바빠 보였다. 근데 그게 아니었다. 사실은 부동산을 보러 다닌 것이었다. 스스로 깨우쳐 시작한 것은 아니었다. 전부터 부모님께서 부동산에 관심이 많으셨기 때문에 부동산 공부를 추천해주셨다고 한다. 자연스럽게 부모님을 따라 부동산 공부를 하기 시작한 것이다. 신규직원, 미혼에 여자 친구도 없었던 이 친구는 아파트 분양권을 구입했다. 그것도 미분양으로 골치를 썩던 세종시의 분양권을 구입했다.

　모두가 관심이 없던 그곳에 집도 굳이 필요하지 않은 젊은 친구가 말이다. 모두가 아니라고 할 때, 홀로 이상한 선택을 한 것이다. 결과는 어땠을까? 분양 당시 2억 원 수준이던 해당 아파트는 지금 시세가 10억 원에 가깝다. 남은 회사생활 동안 저축할 수 있는 금액을 모두 모은 돈보다 아파트 가격이 더 많이 올랐다. 실화다. 일찍이 생산수단을 깨우쳐 생산수단을 소유한 결과다.

　잠깐, 그럼 팀장님은 재테크를 잘하셨을까? 팀장님은 전셋집에 사신다. 더 할 말이 없다. 진짜 실화다. 노동이란 가장 기초적 생산수단에 의존한 결과다. 물론 내가 경험한 현실이 특수한 케이스일 수 있다. 그럼에도 주위를 둘러보면 이와 유사한 케이스를 많이 찾아볼 수 있다.

　정답은 없다. 누군가는 회사생활도 잘하고 개인의 삶 또한 잘 관리하여 모든 방면에서 성과를 올리는 사람도 있을 것이다. 하지만 이럴 가능성은 사실 매우 낮다. 사람의 에너지에는 한계가 있기 때문이다. 개인이 투자할 수 있는 관심사와 시간, 체력, 돈 등 자원은 한정되어 있다. 특히, 흙수저일수록 평범한 사람일수록 자원은 더 한정되어 있다. 그렇기 때문에 선택이 중요하다. 내가 가진 한정된 자원을 어디에 투입해야할지 잘 결정해야한다.

지금 삶은 과거 내 선택의 결과이다. 미래는 지금 내 선택의 결과가 될 것이다. 아직 기회가 있다. 우선순위를 정해, 내가 원하는 미래를 만들 수 있는 곳에 내 자원을 투자하자.

3가지 장애물

(흙수저의 반란을 방해하는 것들)

꿈을 이루기 위해, 부자가 되고 경제적 자유를 얻기 위해 우린 다음 3가지 장애물을 극복해야 한다. 첫째, 타인의 인정에 대한 갈증을 극복해야 한다. 대부분 사람들은 타인의 기대를 충족시키고 이에 대해 인정받는 것에 항상 목말라 있다. 우린 어릴 때부터 본능적으로 부모님의 사랑을 갈구한다. 부모님의 사랑은 절대적이지만, 기대 충족에 따른 보상일 때도 있다. 학교에서 높은 성적을 거두거나 상을 받았을 때, 원하는 대학에 입학했을 때, 좋은 기업에 취업했을 때 등. 기대를 충족시켰을 때 부모님의 사랑과 칭찬은 더욱 커지게 된다. 물론 반대로 꾸중을 듣기도 한다. 위와 같이 우린 어릴 적부터 자연스럽게 타인의 기대와 인정을 바라는 습관을 들이게 된다. 이는 성장과정에서 더 크게 작용한다. 특히, 대한민국 사회는 남들과 비교하는 문화와 경쟁의식이 매우 강하게 자리 잡고 있다. 어느 순간 행복의 기준은 자기 자신이 아니라 타인의 평가에 의해 정해지게 되는 것이다.

타인과 끊임없는 비교 속에서 누군가로부터 인정받고 칭찬받을 때, 이러한 외부로부터의 반응에 행복감이 높아지는 사람들. 니코틴을 계속 주입하다가 갑자기 중단시키면 금단 현상이 오듯이 더 이상 칭찬을 받지 못하면 그 공허함은 부작용을 초래한다. 특히 연예인들이 극심한 우울증이나 공황장애에 시달리는 것 또한 이 때문이다. 내부가 아닌 외부의 반응에 의존하기 때문에 그 에너지가 사라지면 스스로 무너지는 것이다. 우리는 이런 식으로 자연스럽게 성인이 되고 나서도 주위 사람들의 칭찬과 인정을 받고자 노력하며 살게 된다. 하지만 진정한 행복은 외부가 아니라 내부로부터 시작되는 것. 내적 만족감이라고도 표현한다. 타인으로부터 인정받고자 하는 욕구가 매슬로의 욕구 5단계에서 4단계에 해당한다면, 자아실현의 욕구는 최상위 단계인 5단계에 해당한다. 즉, 우린 타인의 인정에 대한 갈증을 극복하고 더 높은 단계인 자아실현의 단계로 나아가야 한다. 결국, 자아실현이 곧 꿈을 달성하는 것이기 때문이다.

　둘째, 심리적 안전선을 넘어야 한다. 안전선이란 무엇일까? 나와 그들을 구분하는 보이지 않는 선. 나와 우리가 소속되어 있는 집단과 그 밖의 사람들. 매슬로의 욕구 5단계 중 3단계 소속감과 애정에 대한 욕구. 우린 집단을 형성하고 그 안에서 안정감을 느낀다. 가족, 학교, 회사, 국가 등. 성인이 되어서는 회사라는 집단에 소속되어 안정감을 느끼고 살아가게 된다. 정규직이라는 타이틀, 정기적으로 나오는 급여와 복지혜택. 많은 이들이 이러한 안정을 얻기 위해 안전선 안으로 들어가고자 노력한다. 최근 사회는 이러한 사람들이 너무 많아져 과부하가 걸리다 보니 심각한 취업난을 겪고 있다. 하지만 막상 안전선 안에 들어와 집단에 소속되어 있어도 모든 게 만족스럽지는 않다. 여러 요인에 의한 제한도 많고, 진정 이루고자 하는 꿈을 이루기 힘든 경우가 많기 때문이다. 그래서 많은 이들이 이러한 것을 극복하기 위해 도전을 준비한다.

　도전. 안전선 안에서 안전선 밖으로 넘어가는 것. 인사이더에서 아웃사이더가 되는 것, 우리라는 집단에서 나와 남이 되는 것, 규칙적인 생활 속 매달 나오는 월급을 포기하고 불규칙적인 삶 속에 나 자신을 던지는 것 등. 다시 말해 남들이 많이 가지 않는 길을 가는 것이다. 그러나 안전선 밖으로 나가려고 하면 사람들은 이를 만류한다.

왜 사람들은 우리의 도전을 반대할까? 나는 두 가지 이유가 있다고 생각한다. 첫째, 그들은 우리의 아이디어를 정확하게 이해하지 못하고 있다. 둘째, 그들은 우리의 아이디어를 실행시킬 능력이 없다. 사람들은 보통 자기 자신이 경험하지 못한 것에 대해서는 충분히 이해하지 못한다. 그리하여 자신의 주관만을 가지고 추측해 충고를 하게 된다. 그렇기 때문에 자신의 능력을 기준으로 실행시키지 못하면 안 된다고 생각하는 것이다. 평생 회사 생활 밖에 안 해본 직장인이 사업에 대해 충고하고, 반대로 평생 사업만 해본 사람이 직장 생활에 대해 충고하는 것과 같은 것이다. 그들은 우리가 항상 제자리에 있길 권유한다. 하지만 우리의 꿈은 제자리에 있지 않다. 꿈을 이루기 위해서는 도전해야 한다. 호랑이를 잡기 위해서는 호랑이 굴로 가야 하듯이 내가 진정으로 원하는 것이 안전선 밖에 있다면, 안전선을 넘어 진정으로 원하는 것을 쟁취하고 내 삶을 영위해야 하는 것이다.

마지막으로 극복해야 할 대상은 바로 외로움이다. 도전하는 삶을 선택하는 순간, 안전선을 넘기로 결정한 순간, 우리는 도전하지 않는 다른 사람들과 구분된다. 대부분이 경험하지 못한 위험을 감수해야 한다. 정답이 없는 길. 이 길은 외로운 길이다. 모두가 꺼리는 길이기 때문이다. 하지만 외로운 감정을 느끼는 것은 잘못된 것은 아니다. 외로움과 인간은 불가분의 관계이며, 인간이 느끼는 보편적 감정 중 하나이기 때문이다. 사실 외로움은 극복의 대상이 아닌 활용해야 할 대상이다. 외로움을 느낀다면 외로움을 외로움이 아닌 혼자 있는 시간의 힘으로 바꿔야 한다. 스스로에게 온전히 집중할 수 있는 시간. 그렇게 조성된 환경에서 나 자신에게 그리고 내가 원하는 것에 집중하는 것이다. 결국 나를 끝까지 믿어줄 사람은 오직 나 자신밖에 없다.

우리는 인생을 살면서 승부를 걸어야 할 때가 있다. 학창 시절 수능시험을 볼 때, 취업 준비를 하며 각종 시험을 준비할 때 등. 우리는 이미 각자의 삶 속에 여러 도전을 해왔다. 그리고 그 도전에서 승리했을 때 삶을 한 단계 더 도약시킬 수 있었다.

기억을 떠올려 보자. 성인이 된 이후에 이와 같은 인생을 건 도전을 해본 경험이 몇 번이나 있는지. 마지막으로 승부를 걸어본 경험이 언제인지. 지금 우리가 원하는 것은 더 높은 단계로 도약하는 것이다. 그리고 그곳에 꿈이 있다. 현실에만 안주하는 평범한 일상의 반복은 꿈을 이룰 수 없다. 군계일학(群鷄一鶴)처럼 평범한 무리들보다 나은 사람이 되기 위해서는 스스로 안전선 밖으로 나와야 한다.

혼자만의 시간과 공간 속에서 몰입하고 또 몰입해야 한다. 이것이 반복되면 반복될수록 실력(내공)이 쌓여 에너지는 점점 더 커져갈 것이다. 그 에너지는 나 자신을 변화시키고, 나를 비롯한 주변 환경까지 모두 변화시킬 것이다. 언제나 자기 자신을 믿어야 한다. 그리고 도전해야한다. 넘지 못할 장애물은 없다.

잠재적 건물주

　　회사생활 중 타지 발령으로 지방 소형 아파트 월세를 구한 적이 있다. 원룸형 아파트였다. 월세는 35~40만원 사이에서 형성되었다. 전세금을 낼 돈이 없었기에 월세를 구해 살았다. 컨디션이 안 좋은 방을 선택하여 월세 35만원에 살 수 있었다. 난 매달 따박따박 월세를 냈다. 내 주변의 동료들도 따박 따박 월세를 냈다. 해당 아파트에 대해선 깊게 생각하지 않았다. 그냥 빨리 대도시로 발령받기만 원했다.

　　당시 해당 아파트의 매매 시세는 7~8천 만 원 선으로 형성되어 있었다. 매매시세 7~8천 만 원, 월세는 35~40만원. 그리고 전

세시세 6~7천 만 원. 당시 매매시세에 관심이 없었다. 부동산에도 관심이 없었다. 돈이 없었기 때문에 부동산은 먼 미래의 일이라 생각했다. 그렇게 미뤄두었다. 생산수단이 무엇인가 알지도 못했다. 그게 문제였다.

이때 난 월세가 아니라 매매를 선택할 수 있었다. 돈이 없어 전세를 못 구했어도 매매를 선택할 수 있었던 것이다. 왜일까? 대출을 받아 구입하면 됐기 때문이다. 그럼 또 이런 생각이 든다. 대출을 받으면 이자가 나가는데 손해가 아닌가? 아니다. 담보대출 이율은 2~3%선을 유지하고 있었다. 중간인 2.5%를 가정하여 매매가격에 근접한 7천 만 원을 대출받는다면 월 이자는 15만원 밖에 되지 않는다.

월세를 낼 돈보다 매월 20만원을 아낄 수 있는 것이다. 물론 원리금 상환을 하면 구체적인 금액은 조금 달라질 수 있다. 그럼에도 충분히 감내할 수 있는 금액이다. 더불어 매매를 한다면 해당 아파트는 내 소유가 된다. 월세로 소비되어 사라지는 것이 아니라 생산수단으로 내게 귀속되는 것이다. 만약 해당 아파트에 살게 되지 않을 경우에도 난 타인에게 임대를 줄 수 있을 것이다.

우린 항상 소비자로 살아왔다. 흙수저이기 때문에 부동산을 생각하더라도 임대인이 아닌 임차인의 관점에서 생각해왔다.

그리고 그게 습관이 되었다. 당연히 흙수저의 시선으로 부동산을 관찰할 때, 투자자가 아닌 세입자로 해당 월세와 전세가격이 적정한지 먼저 따지게 된다.

벗어나야 한다. 생산자의 관점으로 세상을 바라볼 수 있어야 한다. 투자자의 관점으로 해당 부동산을 바라보고 고려해봐야 한다. 매매가격 대비 전월세 가격은 적정한지 따져봐야 한다. 대출을 받을 수 있다면 몇%의 이율로 얼마나 받을 수 있는지, 월세를 주었을 경우 해당 원리금을 감당할 수 있는지 따질 수 있어야 한다. 그래야 생산수단을 소유하고 관리할 수 있다.

부동산은 비싸다고 생각한다. 물론 전액 현금으로 구입하면 비싸다. 하지만 대출, 레버리지를 이용하면 달라진다. 실제 내가 투자해야 할 금액은 훨씬 더 적어진다. 주택의 경우, 전세를 줄 경우 무이자로 훨씬 더 저렴하게 구입할 수 있다. 월세를 주더라도 계산상 원리금 이상의 월세가 나올 경우 현금흐름상 부담 없이 해당 부동산을 구입하여 소유할 수 있다.

사실 우리가 임차인으로 월세를 내고 이용하는 대부분의 부동산은 우리가 구입할 수 있는 부동산이다. 임대인의 입장에서 월세가 원리금을 감당할 수 없는 수준이라면 월세를 굳이 줄 이유가 없다. 그럼 다시 이 말을 역으로 생각해 보면, 월세입자들의 경우 해당 부동산을 구입할 수 있는 구매력을 지니고 있다는 뜻과 같다.

우린 사실 돈이 없는 것이 아니라 부동산을 모르는 것이다. 임차인으로 전월세를 이용하고 있다면 반드시 부동산을 공부해야 한다. 주택, 상가, 무엇이든 상관없다. 우린 사실 잠재적 건물주다.

최고의 무기

투자에 있어 최고의 무기는 현금이다. 현금이 있어야 투자할 수 있기 때문이다. 아무리 좋은 투자처가 나타나더라도 현금이 없으면 투자할 수 없다. 당장 몇 년 뒤 2배 3배 오를 부동산이 나타나더라도, 당장 10배 오를 기업의 주식을 발견하더라도 돈이 없으면 살 수 없다. 대출은 그 다음 문제다.

부자는 현금이 많다. 원하는 것을 원하는 시기에 구입할 수 있다. 자산 가격이 폭락했을 때 훌륭한 자산을 저가에 매입할 수 있다. 속된 말로 '줍줍' 할 수 있는 것이다. 투자에는 실력이 필요하다. 훌륭한 자산을 찾는 실력, 가치와 가격을 구분할 수 있는 실력

등 다양한 실력이 필요하다. 흙수저는 이런 실력이 없다. 왜냐하면 배우지 못했기 때문이다. 주변에도 실력 있는 사람이 없다. 실력이 있는 사람을 사귀기도 어렵고 그렇다고 돈으로 고용할 수도 없다. 그래서 끊임없이 공부해야 한다.

다시, 투자에 있어 최고의 무기는 현금이다. 분명 지금 이 순간에도 훌륭한 자산이 있다. 가치가 올라갈 자산이 분명히 존재한다. 그리고 누구나 다 알고 있는 공유하고 있는 훌륭한 자산도 있다. 일례로, 대한민국 서울 부동산이 있다. 가장 훌륭한 투자처이다. 하지만 투자하기엔 돈이 부족하다. 과거에는 부족한 부분을 대출을 받아 보완할 수 있었지만 지금은 급격한 가격 상승과 대출 규제로 이 또한 어렵다. 그럴수록 현금이 중요하다. 모든 것을 완성시켜줄 수 있는 무기는 현금이기 때문이다. 그럼 다시, 우린 현금을 준비해야 한다. 어떻게 준비할까?

저축해야 한다. 저축은 이자를 받기 위해서 하는 것이 아니다. 이자는 물가 상승률을 따라가기도 어렵다. 저축은 원하는 시기에 원하는 자산을 구입하기 위해 하는 것이다. 그래서 조금이라도 빨리 저축을 시작해야 한다. 처음 시작하는 눈덩이를 크게 만들어 굴려야 남보다 거대한 눈덩이를 만들 수 있다. 그 눈덩이가 바로 시드머니이고 투자된 자산이고 곧, 복리이다.

흙수저는 출발점이 남보다 뒤쳐져 있다. 이 게임에서 우린 모두 다 같은 선에서 출발하지 않는다. 내가 전세금을 모아갈 때 누군가는 집을 사서 시작할 수 있다. 그것을 탓할 수 없다. 불평해서도 안 된다. 그것이 현실이다. 나와 내 가족, 내 자녀가 나처럼 뒤에서 출발하지 않게 만드는 것이 내가 해야 할 일이다. 그래서 직업이 중요하다. 흙수저가 근로자의 삶을 살아야하는 이유가 여기에 있다. 가진 것이 없기 때문에 돈을 모으기 위해서 직장이 필요한 것이다. 열심히 공부를 하는 이유는 남보다 좋은 직업을 갖기 위해서이다. 좋은 직업을 가지면 더 높은 급여를 바탕으로 안정적으로 더 큰 돈을 모을 수 있다. 공부와 직업은 현금(시드머니)을 만들기 위한 수단인 것이다. 목적이 아니다.

하지만 되돌리기엔 이미 나이가 많고 시간도 지난 사람이 있다. 나 또한 그랬다. 수차례 이직으로 동료들보단 나이는 많았고 급여는 제자리였다. 이직 비용으로 인해 저축하지 못했다. 동일한 급여, 남보다 많은 나이. 도움을 구할 곳도 없는 현실. 그래서 선택한 것이 절약이다.

절약이 필요하다. 평생 절약하라는 말이 아니다. 한 단계 더 도약하기 위해 지금 이 순간 절약이 필요하다. 한 살이라도 더 젊을 때 절약해서 더 큰 돈을 만들어 굴려야 한다. 그래야 절약이라는 고통을 한 살이라도 더 젊을 때 끝낼 수 있다. 20대 때 절약하면 빠르면 30대에 탈출할 수 있다. 30대 때 절약하면 40대에 탈출할 수 있을 것이다. 와신상담(臥薪嘗膽) 네 글자를 가슴 속에 깊이 새겨야한다.

모닝에서 아반떼로, 아반떼에서 소나타로, 소나타에서 그랜저로 비교를 통해 소비가 올라가는 것을 우린 알고 있다. 하지만 이러한 변화 과정은 소비가 아닌 투자에서 필요한 것이다. 투자를 통해 빌라에서 오피스텔로 오피스텔에서 아파트로 교환해 가야한다. 지방에서 광역시로, 광역시에서 수도권으로, 수도권에서 강북으로, 강북에서 강남으로 교환하는 것과 같은 이치이다. 소비를 비교하는 것이 아니라 투자를 비교해서 키워 가야 한다. 점진적 비교가 아닌 점진적 교환과 성장.

누구는 지방이 아닌 수도권에서 시작할 수 있을 것이다. 내가 소형 아파트에서 시작할 때 누구는 중대형 아파트에서 시작할 수도 있다. 그 시작점의 크기가 앞서 말한 눈덩이의 크기가 될 것이다. 내 시작점은 남보다 작다. 그래서 그 시작점을 키워야한다. 그러기 위해서는 다시 일하고 또 저축해야 한다. 저축을 잘하기 위해서는 절약해야 한다. 이 모든 것을 가능하게 하는 것은 결국 현금이다. 현금은 최고의 무기다.

올인

올인(ALL IN)이라 하면 우린 도박을 먼저 떠올린다. 올인은 포커 용어다. 포커 게임에서 모든 돈을 걸고 패배하면 걸은 돈 안에서만 책임을 지겠다는 뜻이다. 물론, 우리에게는 이런 도박 용어보다는 이병헌과 송혜교가 출연한 드라마가 더 친숙하다. 올인은 위험한 행동이다. 한순간의 선택으로 모든 것을 잃을 수 있기 때문이다. 도박에서는 베팅한 금액만 잃겠지만, 현실에서는 그 이상의 돈과 시간 그리고 인생을 날릴 수 있다.

그럼에도 인생에 있어 우린 모든 것을 걸어야 할 때가 있다. 특히 기회가 왔다면 더더욱 그렇다. 한 사람의 인생에서 3번의 기회가 온다고 말한다. 하지만 사실 그 이상 기회가 온다고 난 생각한다. 기회가 오기도 하지만 우리가 기회를 찾고 만들어 낼 수도 있다고 생각하기 때문이다. 그리고 그 기회가 왔을 때 준비된 자만 그 기회를 잡을 수 있다. 흙수저에 있어 기회를 잡을 수 있는 준비는 무엇일까? 바로 공부와 현금이다. 끊임없이 공부해야 한다. 책과 강연을 통해서 배워야 한다. 내가 간 길을 먼저 앞서나간 사람을 찾고 배워야 한다. 그게 유일한 길이다. 그 길을 따라가지 않겠다면 도박장에서 50%도 안 되는 확률로 인생을 베팅하는 것과 같다. 그 다음은 현금이다. 저축하는 것이다.

배우자와 내가 처음 신혼집을 마련한 곳은 지방의 작은 오피스텔이었다. 나와 배우자는 서울에서 만났다. 연애하고 결혼하면 당연히 서울에 정착할거라 생각했다. 물론 그것은 진짜 현실을 알기 전 이야기이다. 신혼집을 구하며 우린 현실을 알게 되었다. 그래서 들어간 곳이 조그마한 오피스텔이다. 다행인 것은 무주택자에 소득이 적었기 때문에 정부에서 지원하는 저리의 전세자금 대출을 받을 수 있었다. 정확하게 1억1천 만 원의 전세방, 7천 만 원의 전세자금 대출, 우리 돈은 4천 만 원. 그렇게 시작했다.

햇빛이 잘 들지 않는 집이었다. 빨래는 마르지 않았고 창문도 열리지 않아 매번 음식 냄새로 집안이 가득 찼다. 하루는 삼겹

살을 구웠더니 화재 경보가 울려 경비원이 찾아온 날도 있었다. 변화를 원했다. 불만만으로 삶을 살아가기엔 우리의 삶이 너무나 소중했다.

절약은 기본이었다. 공부는 2배로 했다. 책과 강연, 그리고 현실 양쪽을 오고가며 공부했다. 내가 배운 내용을 확인할 수 있는 가장 확실한 길은 현장에 있었다. 사람들을 만나고 부동산을 내 집처럼 드나들었다. 배우자와 주말 데이트를 하면 원하는 지역의 아파트를 둘러보았다. 분양사무실이 차려지면 배우자와 함께 방문해서 구조를 보고, 나눠주는 분양 팜플렛을 분석해보았다. 그렇게 기회를 찾아 나섰다. 그리고 기회가 왔다. 청약은 우리에게 소중한 기회였다. 하지만 공부를 하지 않은 사람을 포함한 누구나 접근할 수 있는 기회이기도 했다. 청약 시장은 실력보다 운이 중요했다. 제도도 개편 전이었기 때문에 우리보다 나이도 많고 가점이 높은 사람들이 당첨 기회를 쓸어갔다. 돈 많은 유주택자, 다주택자들도 당첨되었다. 그래서 우린 청약만 기다리지 않았다.

그러던 중 원하는 물건을 발견했다. 우리가 원하던 지역, 원하던 환경, 원하는 수준과 크기의 아파트였다. 완벽하지는 않았지만 다른 대안들과 비교했을 때 가장 훌륭한 조건이었다. 문제는 돈이었다. 열심히 일하고 저축했음에도 돈이 부족했다. 산술적인 계산으로 저축액을 모두 모아도 입주할 때 필요한 잔금을 마련할 수 없었다. (참고로 당시 우리가 내린 결론은 신축아파트였고, 청약은 어렵다고 판단했기에 분양권 위주로 접근했다.)

두려웠다. 처음이기 때문에 더 두려웠다. 물어볼 사람도 없었다. 가장 가까운 부모님께서는 극구 만류하셨다. '젊은 애들이 왜 돈을 주고 사냐, 청약해야지. 대출 잘 못 받았다가 큰일 난다.'고 하셨다. 부모님의 진심어린 걱정이 느껴졌다. 하지만 멈출 수 없었다. 고민만 하다 놓친 기회들을 보며 가슴을 쓸어내리기엔 지금 삶이 너무나 소중했다.

조급해서는 안 되지만, 또한 망설이면서 시간만 보낼 수는 없었다. 그래서 열심히 공부한 것이다. 기회 앞에서 주저만 한다면 이 삶을 끝낼 수 없기 때문이다. 배우자와 이야기했다. 가능한 모든 경우의 수를 따져보았다. 결론은 실행이다. 부모님께 말씀드리지 않았다. 대출에 또 대출을 받았다. 흔히들 말하는 '영끌'을 한 것이다. (부동산과 대출 등 관련 된 내용의 원칙과 기준 등은 뒤에 자세히 설명하겠다.) 그리고, 결과는 성공이다. 이후에도 유사한 과정을 반복해 나갔다.

우린 살면서 절대 하지 말아야할 것과 반드시 해야 할 것을 구분해야 한다. 그리고 모든 것을 걸어야할 순간에 모든 것을 걸어야 한다. 두려움과 망설임을 극복할 수 있는 것은 실력 밖에 없다. 준비 된 자가 되려면 반드시 공부해야 한다. (온전한 성과를 얻기 위해서는 반드시 스스로 책임 질 준비를 해야 한다. 내 삶을 누가 대신 살아주고 책임져주지 않는다.)

홁수저이기 때문에 돈이 부족하다. 실패했을 때 다시 일어서기 힘들다. 똑같은 기회는 또 오지 않는다. 그렇기 때문에 한 번 온 기회는 반드시 잡고 성공시켜야 한다. 조급한 것이 아니라 결단력이 있어야 한다. 부는 선형으로 증가하지 않는다. 지금 이 순간도 누군가는 망설이고 있을 때 누군가는 결단하고 모든 것을 건 선택을 실행할 것이다. 이때 누군가 옆에서 홁수저 주문을 걸어올 것이다. 하지만 준비 된 자에게 홁수저 주문은 무용지물이다. 금수저 주문과 함께 그 길을 끝까지 걸어갈 것이기 때문이다.

아무 때나 올인(ALL IN)하라는 뜻이 아니다. 인생은 도박이 아니기 때문이다. 기회를 찾고, 그 기회를 잡아 내 것으로 만들 수 있게 준비해야 한다. 내 삶의 모든 자원을 올인해야 한다. 그래야 변화할 수 있다.

최우선 목표

　　내 집과 최소한의 생활비. 내 집 마련과 최소한의 생활비가 나오는 구조는 흙수저의 반란을 성공시키기 위한 최우선 목표다. 왜 내 집 마련과 최소한의 생활비일까? 아무것도 없는 흙수저에게 있어 가장 훌륭한 시작점이기 때문이다. 내 집과 최소한의 생활비는 모두 생산수단이다. 굳이 선후를 따진다면 내 집 마련이 먼저일 것이고 최소한의 생활비가 나오는 구조는 그 뒤일 것이다.

　　모든 요소를 제쳐두고 가장 중요한 이유는 실패할 수 없는 투자이기 때문이다. 영화 대부를 보면 주인공인 말론 브란도와 알 파치노는 다음과 같은 대사를 한다. "거부할 수 없는 제안을 하지"

영화 속 주인공의 이 대사는 영화사에 길이 남을 명대사로 남았다. 거부할 수 없는 제안이란 무엇일까? 제안을 하는 입장에서 가장 큰 위험(리스크)요인은 상대방이 제안을 거부하는 것이다. 근데 거부를 할 수 없는 제안이라니, 애시 당초 말이 안 되는 이 문장은 제안이 성공할 수밖에 없다는 전제를 깔고 있다. 그럼 다시 투자로 돌아와 생각해보자. 투자에 있어 가장 큰 위험은 실패다. 투자가 실패하는 것이다. 돈과 시간, 기회를 모두 잃게 되는 것이다. 우린 실패를 두려워한다. 흙수저이기 때문에 더 두렵다. 왜냐하면 기회가 적기 때문이다. 그렇기 때문에 시작이 어렵다. 시작이 어렵기 때문에 경험을 할 수 없고 경험이 없기 때문에 다시 또 시작할 수 없다. 악순환이다. 그렇기 때문에 첫 투자가 가장 중요하다.

그럼 왜 내 집 마련은 실패할 수 없는 투자인가? 내 집은 우리 삶의 필수재로 투자 목적 외에 거주 목적을 함께 갖고 있기 때문이다. 그렇다. 최악의 경우 실패하더라도 실거주를 통해 효용을 얻을 수 있다. Plan B를 세우기도 어려운 환경에서 그 자체로 이미 훌륭한 Plan B를 갖고 있는 투자 대상인 것이다. 그렇기 때문에 내 집 마련을 최우선 목표로 해야 한다. 단순한 실 거주를 넘어 생산수단의 개념으로 접근해야 한다. 성공한다면 투자와 거주 모두를 만족 시킬 것이다. 실패하더라도 거주를 만족시킬 수 있기 때문에 하나는 성공한 것이다. 무엇보다 그 과정에서 경험하고 배운 내용은 그 다음 과정의 토대가 되어 생산수단을 구축하는 데 탄탄한 밑거름이 될 것이다.

그 다음은 최소한의 생활비가 나오는 구조다. 최소한의 생활비가 나오는 구조란 생산수단을 통해 최소한의 삶을 영위할 수 있는 조건을 만드는 것이다. 다시 말하면, 근로를 제외한 생산수단에서 나오는 현금 흐름만으로 먹고 살 수 있는 것을 말한다.

왜 최소한의 생활비인가? 하고 싶은 일을 하기 위해서다. 대부분은 본인의 스펙에 맞추어 갈 수 있는 가장 좋은 곳에 취업한다. 사실 가장 좋은 곳이라기보다는 기업에서 뽑아주는 곳에 가는 것이다. 내 흥미와 적성, 선호와 무관하다. 사실 내 선택이라기보다는 기업의 선택에 의해 일자리가 구해지는 것이다. 자아실현과 무관하다. 이 시장에서는 극소수를 제외하곤 선택권이 없다. 만약 이것에 거스른다면 우린 당장 살아갈 수 없을 것이다.

하지만 이 모든 것을 거부할 방법이 있다. 바로 최소한의 생활비가 나오는 구조를 만드는 것이다. 기업으로 치면 BEP(break-even point)이다. 기업의 수익이 BEP를 넘지 못하면 기업은 파산한다. 반대로 BEP를 넘기면 망하지 않는다. 사람으로 치면 최소한의 생활비(BEP)가 나오는 구조를 만든다면 살아가는 데 문제가 없다는 것이다. 살아가는데 문제가 없다면 취업에 목매지 않을 것이다. 원하지 않는 기업에 취업해 원하지 않는 일을 하지 않을 것이다. 취업은 선택이 될 것이다. 취업이 아니라 다른 원하는 것이 있다면 원하는 일을 할 것이다. 돈이 되지 않더라도 내 흥미와 적성, 선호를 따라 직업을 갖게 될 것이다. 학창시절 직업탐구 등 교과목에 나온 내용을 진짜 현실에서 적용할 수 있는 것이다.

　　최근 자산가치의 급등으로 근로의욕이 급격하게 떨어지고 있다. 한 달에 백만원을 저축하기 힘든 상황 속에서 하루아침에 부동산 가격이 수억씩 올라간다. 비트코인에 투자해서 수십억을 벌어 퇴사했다는 이야기가 떠돈다. 그럴수록 근로의욕이 더 급격하게 떨어진다. 가뜩이나 하고 싶지 않은 일인데 돈도 안 된다고 생각하니 모든 게 무기력해진다. 하지만 그럴수록 정신을 바짝 차리고 더 열심히 살아야 한다. 하고 싶지 않은 일에서 하루라도 빨리 은퇴하기 위해 더 열심히 일해야 하는 것이다.

　　최우선 목표를 달성하자. 최우선 목표는 내 집 마련과 최소한의 생활비가 나오는 구조이다.

현실판 부루마블

우리가 사는 현실은 게임과 같다 이야기했다. 부자의 게임
은 현실판 부루마블(모노폴리) 게임이다. 이 게임은 너무나 불공평,
불공정하다. 일반적인 게임처럼 다 같이 평등하게 시작하지 않는
다. 출발점이 다르다. 이미 누군가는 상당수의 땅을 정복하고 있
다. 같은 한 바퀴를 돌더라도 나오는 급여가 다르다. 내가 주사위
를 1번 던질 때, 누군가는 주사위를 2번, 3번 던지기도 한다. 반칙
이라고? 현실에서 이것은 반칙이 아니다. 그것이 게임의 룰이다.
첫 바퀴 때 1,000원에 구입할 수 있던 땅이, 다음 바퀴에는 2,000
원에도 살 수 없는 땅이 될 수도 있다. 억울하거나 후회된다고? 이

것도 게임의 룰이다. 그럼에도 우린 이 게임에서 벗어날 수 없다. 벗어난다면 현실을 회피하는 방법 밖에 없다.

　　게임에 참가했는가? 지도를 살펴보자. 내 땅이 어디 있는지 살펴보자. 내 땅은 어디 있는가? 내가 점령한 지역, 내가 건물을 세운 지역은 어디 있는가? 주변을 살펴보라. 모두 남의 땅, 남이 점령한 지역이다. 그곳에 들르면 우리는 그들에게 대가를 지불해야 된다. 그리고 그렇게 소비만 해서는 이 게임에서 승리할 수 없다. 우리 또한 내 땅과 내 건물을 가져야 한다.

　　처음으로 내 땅을 갖고, 처음으로 내 건물을 올린다면 어디에 올려야할까? 주사위가 던져지고 말이 굴러간 곳이라면 어디든 상관없이 소중한 내 자산을 투입하는 것이 맞는 것일까? 빈 땅에 도착했다. 이 땅은 진정 투자할 가치가 있는지 없는지 판단해야 한다. 만약 내가 아닌 다른 참가자가 이 땅의 가치를 높게 평가한다면 나는 그 말만 믿고 투자를 하는 것이 옳은가 판단해야 한다. 만약 그 반대라면. 첫 집의 구입을 고민할 때 누군가 옆에서 말린다면. 좀만 더 기다리라고 한다면. 그 말만 믿고 기다릴 것인가? 그러다 지도를 계속 돌기만 하며 내 땅을 갖지 못한 상태라면. 모든 것의 결과는 내가 책임져야 한다. 그렇기 때문에 내가 판단하고 내가 결정해야 한다.

이번 장은 생산수단 중 부동산에 관해 이야기 할 것이다. 부동산 중에서도 내 집 마련과 그와 관련된 배경과 원칙, 기준들을 설명하는 데 집중할 것이다. 왜 부동산인지. 주식 대신 왜 부동산인지. 그렇다면 부동산 투자를 어떻게 시작할 것인지. 한국인에게 부동산, 특히 아파트가 갖는 의미는 무엇인지. 만약 고른 다면 어떤 부동산을 선택할 것인지. 등 부동산과 관련 된 다양한 견해들을 밝힐 것이다.

그리고 그 가운데 내가 겪은 시행착오들을 이야기할 것이다. 난 시행착오를 많이 겪었다. 흙수저이기 때문에 경험이 없었고 도움을 청할 곳도 없었다. 공부를 많이 했음에도 현실에는 예상하지 못한 난관들이 많았다. 성공한 경험도 있지만, 지금도 후회가 되는 결정도 많다. 그렇기에 더욱더 시행착오를 이야기할 것이다. 내 시행착오가 누군가의 간접 경험이 되길 바라기 때문이다. 나와 같은 시행착오를 거치지 않길 바란다. 그리하여 후회 없는 최고의 결과를 얻길 바란다.

시작하자. 흔들리지 않는 뿌리를 내려 보자. 뿌리는 시간이 지나 열매를 맺을 것이다. 흔들리지 않는 뿌리를 기반으로 무주택자에서 유주택자. 유주택자에서 다주택자. 다주택자에서 건물주로 변해가자. 이 게임에서 승리하자.

부동산과 경쟁자

(왜 부동산인가?)

"부동산 투자를 해라. 주식 투자하면 패가망신한다." 어릴 때부터 어른들께서 자주 말씀하셨다. 가끔은 과한 표현을 써가며 강조하실 때도 있었다. 나만 이런 이야기를 듣고 자란 줄 알았다. 하지만 주변 지인들도 이런 이야기를 자주 들었다고 한다. 왜 사람들은 부동산을 투자하라 하면서 주식은 그렇게 말릴까? (분명 이 둘은 일반인이 접근하기 가장 용이한 투자수단일 것이다.) 그건 아마 본인과 주변의 경험을 볼 때, 주식으로 돈을 번 케이스보다는 부동산으로 돈을 번 케이스가 많기 때문일 것이다. 실제 내 주변을 봐도 부동산 투자해서 돈을 번 지인, 친척, 이웃이 많다. 반면 주식을 투자한 경우 대부분 돈을 잃었다. 요즘 말로 표현하면 돈 복사가 아니라 돈이 파쇄된 것이다.

우연의 일치일지 모르겠지만, 우리 아버지께서도 주식 투자를 하신 적이 있다. 결과는 좋지 않았다. 그래서 지금까지도 주식 이야기만 나오면 어머니께 잔소리를 듣는다. '그 돈으로 집 한 채를 더 샀으면' 나와 내 주변 사람들이 경험한 사례로 모든 것을 일반화할 수 없다. 하지만 그럼에도 불구하고 이러한 결과가 일어난 이유와 그 원인을 알아야 했다. 왜 다들 부동산이라고 이야기하는지. 왜 인생 선배들께서 그런 이야기를 해주셨는지. 그런 이야기를 하게 만든 원인이 무엇인지. 일반인의 투자에 있어 주식보다 부동산을 더 권유하는 이유가 무엇인지.

나는 그 이유를 경쟁자(競爭者)에서 찾았다. 부동산과 경쟁자. 다른 요소는 다 차치하고 경쟁의 관점에서 왜 부동산인지 다음 3가지 요소를 중심으로 살펴보자.

첫째, 전문성. 전문가와 비전문가가 경쟁한다면 전문가가 이길 확률이 높다. 그렇다면 투자에 있어 우린 전문가일까? 우린 전문가가 아니다. 일반인에게 투자는 직업이 아니기 때문이다. 전업투자자가 아닌 이상 모두 각자의 생계가 있다. 특수한 경우를 제외하곤 대부분 생계를 위해 투자가 아닌 생업을 하고 있다. 그리고 남는 여유 자원을 이용해 투자를 하고 있다.

투자를 하면 상대방이 있다. 거래의 상대방이 있는 것이다. 주식 투자에 있어 내 상대방은 누구일까? 나와 같은 개미일까? 아니다. 주식 투자에 있어 경쟁자는 우리와 같은 개인투자자가 아닌 전문가 집단이다. 다른 말로는, 기관투자자, 외인투자자 같은 전문가다. 관련 전문지식을 습득하고 고액연봉을 받으며 주식 투자를 업으로 삼고 있다. 주5일, 하루 8시간 투자를 성공시키기 위해 일한다. 그것이 그들의 일이다. 집단을 이루고 체계적 의사결정 과정을 거쳐 투자를 결정한다. 그들의 결정은 익명의 호가 창에 가격과 수량만으로 나타날 뿐 우리는 거래 상대방이 누구인지 그 의도가 무엇인지 알 수 없다.

주식 투자는 비전문가도 쉽게 참여할 수 있다. 하지만 그 상대방은 전문가이다. 주식 거래 자체가 완전경쟁에 가까운 구조를 갖고 있기 때문이다. 그렇기 때문에 전문가가 아닌 일반인은 이 경쟁을 이기기 어렵다. 탁월한 통찰력과 감각을 갖고 있지 않다면 이 시장에서 수익을 올리기 어렵다.

부동산은 다르다. 이 세계에도 전문가는 분명 존재한다. 하지만 절대 다수는 우리와 같은 일반인, 비전문가다. 국지적 시장에서 특수성을 갖고 거래한다. 내가 관심을 갖고 이사 가고자 하는 곳의 부동산은 나의 특성을 반영한다. 내 성장 환경, 일자리, 자금력, 취향과 선호 등을 반영한다. 당장 내가 이사 가고자 하는 곳의 판매자와 매수자는 부동산 전문 투자자가 아닌 우리와 같은 일반인일 확률이 높다.

　이것은 부동산 투자에 일반인이 가질 수 있는 하나의 강점이다. 매도자와 매수자 모두 나와 비슷한 일반인일 확률이 높기 때문이다. 전문가를 상대로는 이기기 어렵다. 하지만 비전문가를 상대로는 이길 가능성이 높다. 상대보다 조금만 더 공부하고 조금만 더 노력하면 경쟁력이 생기기 때문이다. 거시적 안목에서 세계 경제 흐름을 분석하고, 투자하고자 하는 기업의 업황을 살펴보고, 개별 기업의 재무구조와 이슈를 파악하여 투자하는 것과는 다른 차원이다. 주식 투자의 경쟁자는 호가창에 나타난 무수한 익명의 전문투자자다. 하지만 부동산 투자의 경쟁자는 앞집의 김씨 아저씨와 박씨 아주머니다. 당장 동네 이웃보다 한 달만 더 공부하면 우린 그들보다 경쟁력을 가질 수 있다.

　경쟁해야 한다면, 피할 수 없다면 이길 수 있는 경쟁을 해야 한다. 그러기 위해선 상대를 잘 골라야한다. 전문가를 이기고 싶다면 먼저 전문가 이상의 실력을 갖추어야 한다.

　둘째, 정보력이다. 투자는 정보 싸움이다. 투자에서 이길 수 있는 필승 전략은 남보다 먼저 정보를 아는 것이다. 주식으로 치면 기업의 호재와 악재를 먼저 아는 것이다. 먼저 호재를 알면 구입하는 것이고, 먼저 악재를 알면 매도하면 된다. 남보다 빨리 하면 된다. 그렇게 수익을 올리고 그렇게 손실을 회피할 수 있다.

부동산도 마찬가지다. 지역의 개발호재를 먼저 알면 저가에 적은 경쟁으로 원하는 물건을 구입할 수 있다. 악재의 경우도 마찬가지다. 정보를 먼저 알면 성공 확률을 높이고 실패 확률을 줄일 수 있다. 로또 번호를 미리 알고 로또를 구입하는 것과 같다.

주식 투자는 정보력에 있어 일반인이 매우 불리한 위치에 있다. 정보를 생산하고 공급하는 주체가 곧 경쟁자이기 때문이다. 일반인이 정보를 얻을 수 있는 채널은 한정적이다. 특히, 주식 투자는 더 그렇다. 주변인의 카더라만 믿고 투자하기엔 정보의 질이 낮다. 그렇기에 주식 방송, 애널리스트의 리포트, 증권사의 추천 종목 등 외부 정보를 보고 투자하게 된다.

여기서 중요한 점은 해당 정보를 생산하고 우리에게 공급하는 주체 또한 우리와 같은 투자자라는 사실이다. 그들이 생산하는 정보는 이미 그들이 소비하고 난 뒤의 정보이다. 가치가 희석되었을 뿐만 아니라, 상대방이 마음만 먹는다면 이러한 점을 역이용할 수 있다.

가정해보자. 만약 기관투자자라면 어떻게 할 것인가? 투자에 있어 핵심정보를 알게 되었다. 해당 정보는 특정 기업의 호재다. 아직 외부에 공표되지 않았다. 그렇다면 먼저 해당 정보를 이용하여 주식을 매수 한 뒤, 일반인에게 정보를 공표하지 않을까? 그 반대라면 어떨까? 악재라면 일반인들이 해당 사실을 알기 전 조금이라도 빨리 관련 주식을 매도할 것이다. 물론 잘못된 것이다. 불합리하다. 그럼에도 이것을 막을 수 없다. 제도적으로 보완되었다지만 보완한 주체마저 그들 중 일부이다. 그들만의 세상. 일반인이 투자와 관련된 정보를 얻기 위해서는 증권사에서 올라온 추천종목을 보고, 해당 증권사에 고용된 애널리스트의 보고서를 봐야 한다. 하지만 기업은 이윤추구를 위해 존재한다. 증권사도 마찬가지다. 관련 정보를 무료로 배포하는 이유는 봉사하기 위해서가 아니다. 돈을 벌기 위해서다.

부동산도 분명 정보력 격차가 있다. 하지만 주식 시장과는 그 격차의 양과 질이 다르다. 국지적, 개별적 특성을 갖는 부동산의 경우, 우리와 같은 개인도 조금만 노력을 하면 전문가 수준의 정보를 충분히 획득할 수 있다. 왜냐하면 부동산은 현장에 답이 있기 때문이다. 부동산은 실물이 있다. 그렇기에 눈으로 직접 보고 체험하는 것이 중요하다. 임장 활동이 중요하다. 물론 미시적 관점이긴 하지만 이러한 부분에서 일반인도 충분한 경쟁력을 확보할 수 있다. 거시적인 부분은 분명 부동산 투자에 있어서도 격차가 존재한다. 그렇기에 최근 발생한 'LH사태'가 사회적으로 큰 공분을 산 것이라 생각한다. (주식이나 부동산이나 흙수저에게 있어 이 세계는 정말 냉혹하다.)

셋째, 가격 결정권이다. 가격 결정권은 다른 말로 영향력이될 수 있다. 일반인은 주식 투자에 있어 가격 결정권이 없다. 호가창을 움직일 수 있는 힘(자금)이 없다. 하나의 수요량은 될 수 있으나 거대한 수요가 될 수는 없다. 매도를 하고 싶으면 호가창에 올라온 가격에 매도해야 한다. 매수하고 싶으면 호가창에 올라온 가격에 매수해야 한다.

호가창을 움직이기 위해서는 거대한 자금을 움직이거나 수많은 개인이 담합해야 한다. 호가창을 움직일 수 있는 힘을 갖은 자들을 우린 세력이라 부른다. 우린 이 시장에 영향을 줄 수도 있지만, 사실상 영향을 받아 가격을 수용해야하는 수동적 입장이 될 수밖에 없다.

하지만 부동산은 다르다. 나에게 가격 결정권이 있다. 원하는 가격에 매물을 내놓으면 해당 결정은 호가로 공표된다. 부동산의 개별성과 특수성으로 인해 개인의 선택은 이 시장에 강한 영향을 미친다. 설사 받아들여지지 않는다 해도 개인의 선택은 매우 강한 힘을 발휘한다. 그리고 협상할 수 있다. 말 한마디에 천냥빚을 갚듯, 말 한마디에 수백, 수천만 원을 움직일 수 있다. 개인에게 영향력이 있는 것이다.

그렇기에 부동산 시장에 있어 개인은 힘을 갖는다. 힘이 있다는 사실은 중요하다. 수동적 입장이 아닌 능동적 입장에서 시장을 이끌어 갈 수 있기 때문이다. 그리고 이러한 믿음은 다시 힘을 강화시킨다. 이 힘이 모여 성공적인 투자를 이끈다.

일반인에게 부동산 투자가 주식투자보다 유리한 이유는 앞서 이야기한 3가지 요인 외에도 여러 요인이 있을 것이다. 물론 반대로 주식투자가 유리한 부분도 분명 존재할 것이다. 그럼에도 우린 현실을 냉철하게 인식해야 한다. 내가 이 경쟁에서 이길 수 있는지 없는지. 나와 경쟁하는 상대방보다 내가 더 유리한 위치에 있는지 판단해야 한다.

최근 유례없는 주식시장의 호황이 찾아왔다. 코스피 지수는 코로나 직후 1500p에서 3300p까지 2배 이상 상승했다. 어떤 기업의 주식이건 사서 갖고 있으면 평균적으로 2배는 상승했다는 이야기다. 그럼에도 현실은 냉정하다. 조세 재정 연구원에 따르면 개인 투자자 10명 중 4명이 주식으로 손실을 봤다고 한다. 일단 투자하면 40%는 손실이라는 이야기이다. 수익을 냈더라도 그 중 연 1,000만원 이상의 수익을 거두는 경우는 10%에 불과하다고 한다. 주식으로 제대로 된 수익을 거두는 사람이 10명 중 1명이라는 이야기이다. 통계라 하더라도 처참한 현실이다.

부동산은 다르다. 최근 5년간 집을 사서 손해를 봤다는 사람을 단 1명도 본 적이 없다. 통계로도 그렇다. 공식적으로 한국부동산원에서는 지난 4년간 서울 아파트 가격 상승률을 17.7%라 발표했다. 경실련에서는 KB주택가격동향을 근거로 93%가 상승했다 발표했다. 상승률만 다를 뿐 상승했다는 점에서는 동일하다.

반면, 떨어졌다는 통계는 어디에서도 볼 수 없다. 집을 구입 하지 않았거나, 먼저 팔아 생긴 벼락거지만 있을 뿐이다. 물론 시장 분위기가 갑자기 반전되어 하우스 푸어가 발생하고 경매를 당하는 사람이 생길 수도 있다. 부동산발 경제위기가 오는 것이다. 하지만 그 정도 경제 위기라면 주식 시장의 상황은 더 심각해 질 것이다. 실제로 2008년 리먼 브라더스 사태는 부동산 시장의 문제로 발생한 금융 위기이다.

이것이 현실이다. 이론이 아닌 현실이다. 우린 현실을 살아간다. 그렇기에 진짜 현실을 알고 이에 맞추어 대응해야 한다. 주식과 부동산 모두 가져가야 하는 필수적 자산임에는 틀림없다. 이 둘을 장기 보유하고 더 나아가 모아 가야 한다. 하지만 우린 돈이 부족하다. 소득도 부족하다. 그렇기에 선택과 집중을 해야 한다. 모두 가져갈 수 없다면 적어도 하나는 가져가야 한다. 그렇다면 난 부동산을 추천한다. 누구와 경쟁할 것인가? 내가 이길 수 있는 경쟁자를 선택하자. 경쟁은 이기기 위해 하는 것이다.

부동산과 원칙

    우리는 이 게임에서 초보자이다. 그래서 주변 사람들 말에 많이 흔들린다. 뉴스, 기사, 카페와 유튜브가 대표적이다. 만약 이런 매커니즘에 따라 투자를 결정하고 실패한다면 어떻게 되는가? 그 책임은 내가 지게 된다. 최종 결정은 내가 했기 때문이다. 하지만 많은 사람들이 남탓을 한다. 나 또한 그랬다. 카페 사람들, 유튜버 등 내가 그들의 말을 믿고 따랐음에도 그들을 탓했다. 최악의 경우 부모님까지 탓 할 수 있다. 중요한 사실은 영향을 받은 것이 나라는 사실이다. 누군가는 영향 받지 않고 참고만 할 뿐, 자신이 세운 기준과 원칙에 따라 결정하고 행동했을 것이다.

그래서 원칙이 중요하다. 자기만의 원칙과 기준을 세워야 한다. 그리고 그것을 매뉴얼로 만들어야 한다. 게임을 승리하기 위한 매뉴얼과 같다. 필승전략(必勝戰略) 투자에는 원칙이 필요하다. 그래야 이길 수 있다. 원칙이 없다면 시장을 못이기는 것이 아니라 내가 나 자신을 이길 수 없다. 시시각각 변화하는 환경 속에 처음 내렸던 결정을 끝까지 유지하지 못한다. 심리가 흔들리고 결정을 바꾸고 또 바꾼다. 어느 순간 나는 사라지고 주변의 소음만이 남는다. 상황에 따른 신속한 대처(대응)가 아니라 도망만이 남는 것이다.

　　원칙을 세우기 위해서는 원리를 알아야 한다. 시장에는 많은 전문가가 존재한다. 화려한 스킬로 단번에 수억에서 수십억을 번 전문가들이 존재한다. 부동산 1채를 투자해서 단번에 수억을 번 케이스부터 수십채의 갭투자를 통해 수십억을 번 케이스까지. 이것은 사례이다. 그와 똑같은 상황이 나에게 또 일어날 확률은 극히 드물다. 사실상 없다. 한순간 혹할 수 있겠지만, 내가 똑같이 한다고 해서 똑같은 결과가 나에게 일어난다는 보장이 없다. 나 또한 그랬다. 진정 배울 것은 결과가 아닌 과정이다. 왜 그러한 결정을 내리게 되었는지 그 결정의 이유와 그 결정을 하게 된 원리와 원칙을 배워야 한다.

좋은 부동산이란?

(부동산 입지)

모든 부동산이 좋은 부동산은 아니다. 부동산 중에는 나쁜 부동산도 있다. 그렇기 때문에 우린 좋은 부동산을 선택해 구입하고, 모아가야 한다. 하지만 좋은 부동산을 찾기 어렵다. 왜냐하면 좋은 부동산을 고를 수 있는 혜안(慧眼)이 없기 때문이다.

그럼 다시 좋은 부동산이란 무엇일까? 살기 좋은 곳인가? 가격이 많이 오르는 곳인가? 살기 좋은 것과 가격이 오르는 것은 동의어일까? 주거용 부동산을 중심으로 생각해보자. 집을 기준으로 보았을 때 집의 가장 큰 효용은 주거다. 주거가 먼저고 투자는 그 다음인 것이다. 하지만 현실 세상을 살면 주거보단 투자가 더 크게 다가오는 경우가 많다. 불편한 주거 환경에서 살더라도 살고 있는 집의 가격이 많이 오른다면 이후 매매차익을 통해 더 살기 좋은 집으로 이사 갈 수 있는 기회가 있기 때문이다. 물론, 사람의 삶은 유한하기 때문에 죽을 때까지 가치 상승만 바라보고 불편한 집에서 살아갈 수는 없다. 일부 예외가 있겠지만 궁극적으로 주거용 부동산의 가장 큰 효용은 주거다.

그렇다면 앞의 질문에 대한 답을 내려 보자. 가격이 오르는 부동산이 살기 좋다는 보장은 없다. 하지만 살기 좋은 부동산은 가격이 오를 확률이 높다. 선후를 따진다면 살기 좋은 곳이 먼저가 될 것이고 가격이 오르는 것은 그 뒤가 될 것이다.

살기 좋은 부동산은 좋은 부동산이다. 살기 좋다는 것은 다양한 것을 포함한다. 집 그 자체에 집중해보면 평수, 구조, 거실 향, 자재, 인테리어 등 다양한 것이 있다. 하지만 부동산을 고를 때 이것만 고려하기엔 한계가 있다. 개별적이고 미시적이기 때문이다. 이러한 것들은 2차적으로 적용시켜야 한다. 예를 들면 사람이 살지 않는 시골 외지에 있는 최고급 아파트보다는 사람들이 다들 모여 사는 도심의 평범한 아파트가 더 좋다.

좋은 부동산을 고르기 위해 무엇을 먼저 봐야 할까? '입지'다. 결국 모든 부동산의 근간은 토지이기 때문이다. 이 입지를 분석하고, 더 나아가 좋은 입지를 파악할 수 있는 실력을 '좋은 부동산을 고르는 눈(혜안)'이라 생각한다. 그렇다면 좋은 입지(부동산)를 결정하는 기준과 조건은 어떻게 될까?

　다음은 주거용 부동산을 기준으로 저자가 생각하는 좋은 부동산의 4가지 조건이다. 첫 번째, 일자리. 일자리가 바로 돈이기 때문이다. 해당 부동산을 구입할 수 있는 구매력과 직결된다. 더 나아가 일사리를 기반으로 살아갈 사람들의 전반적인 수준이 곧 부동산을 대표하게 된다. 이것은 곧 가격에 반영된다. 그렇기 때문에 일자리는 양적으로 질적으로 모두 중요하다. 일자리의 숫자는 양적인 부분이다. 일자리의 종류와 급여 수준 등은 질적인 부분이다. 좋은 부동산을 고르는 첫 번째는 바로 양질의 일자다.

　그리고 그 양질의 일자리는 내가 아닌 타인(대중)을 기준으로 판단해야 한다. 왜일까? 당장 내 일자리와 주거지가 가깝다면 출퇴근이 편리해 좋다. 하지만 그것은 나의 수요, 하나의 개별 수요다. 수요 곡선을 이루는 전체 수요와는 다를 수 있다. 그렇기 때문에 우린 타인(대중)을 봐야 한다. (자기중심의 개별적인 수요는 특수성을 갖기 때문에 가격에 영향을 주기 어렵다.)

　내 일자리만 가깝고 대부분 사람들의 일자리와 거리가 멀다면 해당 입지의 일자리적 요소는 미흡할거다. 반면 내 일자리와는 거리가 멀지만 다수의 일자리와 가까운 곳에 있다면 해당 입지의 일자리적 요소는 우수할 것이다. 그렇기 때문에 항상 내가 아닌 타인, 대중의 눈으로 살펴봐야 한다. 자기 중심적으로만 상황을 살피게 되면 출퇴근은 조금 편리해질 수 있지만 추후 가격 상승 등 다양한 부가적 이점을 놓칠 수 있다.

두 번째는 교육이다. 맹모삼천지교(孟母三遷之教)라는 말이 있다. 맹자의 어머니뿐만 아니라 대한민국의 모든 부모가 비슷한 마음이다. 본인이 만약 교육을 중요하게 여기지 않아 이 부분을 간과하더라도 타인(대중) 또한 이 부분을 간과할 것이라 판단, 오류를 범하면 안 된다. 개인의 교육관은 개인에 한정될 뿐 대중에게 적용될 수 있는 일반론이 아니기 때문이다.

그렇기 때문에 대중이 선호하는 학군을 살피고 이에 유리한 입지를 선택해야 한다. 자녀가 있다면 좋겠지만, 자녀가 없더라도 이로 인한 부가적 이득을 충분히 얻을 수 있다. 초등학교, 중학교, 고등학교 모두 중요하다. 그럼에도 이 중 으뜸을 뽑으라 한다면 난 초등학교를 선택한다. 왜 초등학교인가? 가장 어린 자녀가 다니기 때문이다. 어린 아이들이 다니기 때문이 부모는 자녀의 안전이 걱정된다. 그래서 집에서 가까운 학교에 아이를 보내고 싶어 한다. 돈과 자녀 둘 중 하나를 선택하라면 부모는 당연히 자녀를 선택할 것이다. 이 말을 바꾸면 가격이 비싸더라도 자녀의 안전을 담보할 수 있는 주거지를 선택한다는 말이다. 그렇기 때문에 초등학교가 중요하다. 또한 어린 자녀를 양육하고 있는 부모들의 경제활동이 가장 활발하다. 나이가 젊기 때문이다. 나이가 젊기 때문에 집을 구입하고자 하는 열망도 가장 크다. 이사도 적극적이다. 이것은 가격에 반영될 것이다. 초품아(초등학교를 품은 아파트)라는 말이 괜히 나온 것이 아니다.

한 가지 추가적인 사실은 학군이 실제로 자녀 교육에 크게 영향을 미친다는 사실이다. 통계적으로도 증명되었다. 이러한 결과가 나온 이유에는 자녀가 다니는 학교의 친구들뿐만 아니라, 그 친구의 부모까지 모두 연관되어 있다는 사실을 알아야 한다. 결국 해당 자녀들이 해당 지역에 거주하고 해당 학군에서 교육받을 수 있는 것은 그 부모의 앞선 주거 선택이 선행했기 때문이다.

셋째는 교통이다. 교통은 모든 것과 연결된다. 일자리, 교육, 인프라 등 지리적 한계를 벗어나게 만들어준다. 교통은 IC(고속도로), 철도, 지하철 등 수단뿐만 아니라 무엇과 연결될 수 있는지를 함께 살펴봐야 한다. 지리적으로 멀리 위치하여도 대중교통을 통해 거리적 한계(시간)를 극복할 수 있다면 해당 입지적 요소를 포함하고 있다고 볼 수 있기 때문이다. 그렇기 때문에 교통은 항상 무엇과 연계되는지 함께 살펴봐야 한다.

마지막은 거주 환경(인프라)이다. 이것은 삶의 질을 나타낸다. 집 근처의 마트, 학교, 병원, 지하철, 공원 등 모든 것이 포함된다. 초품아, 역세권, 스세권, 맥세권, 숲세권 등. 앞선 단어들과 같이 최근에는 어떤 요소(인프라)를 갖추고 있느냐로 해당 부동산의 강점을 표현한다. 개인의 취향도 있겠지만 이러한 개별 요소가 하나하나 더해질 때마다 부동산의 가치도 함께 올라간다. 실제로 이미 비싼 부동산, 특정 지역의 대장 아파트 등을 살펴보면 지금까지 이야기한 것들을 두루 갖추고 있다. 그렇기에 수요가 몰리고 가격이 오르고 대장 아파트가 될 수 있었다. 이러한 요소는 계속하여 선순환을 이루게 된다. 시간이 지나 아파트가 낡아 주거로서 효용이 사라지더라도 재건축, 재개발 등을 통해 죽은 아파트도 다시 살리게 된다. 왜냐하면 좋은 입지에 있기 때문이다.

참고로 최근에 뜨고 있는 요인이 있다. 바로 조망이다. 서울에는 대표적으로 한강 뷰가 있다. 이러한 특정 뷰는 가격 형성에 매우 큰 영향을 준다. 동일 아파트 단지라도 어떤 뷰를 갖추었느냐에 따라 가격 차이가 크게는 억 단위 나기도 한다.

아파트가 선호되는 우리나라에서는 조망권이 미치는 영향이 갈수록 커질 것이다. 건설사에서도 이미 층에 따라, 향에 따라

분양 가격을 차별화하기 시작했다. 과거와 달리 많은 사람들이 조망권의 중요성을 알기 시작했다. 호수 뷰, 산 뷰, 도시 뷰 등 다양한 뷰 뿐만 아니라 향, 층 등이 조망권에 포함된다. 실제로 같은 가격이라면 남향을 더 선호한다. 또한 저층보다는 고층을 선호한다. 조망권엔 심미적 가치뿐만 아니라 실용적인 부분(일조권, 프라이버시 등)이 함께 포함되어 있다. 아직 서울과 달리 지방의 많은 아파트들이 조망권의 가치를 충분히 평가받지 못하고 있다. 이러한 부분을 잘 캐치한다면 훌륭한 투자를 할 수 있는 좋은 밑거름이 될 것이다.

좋은 부동산, 입지에 있어 지금까지 이야기한 모두가 중요하다. 중요도에는 우선순위가 없다. 복합적이다. 그렇기에 우린 종합적 사고를 해야 한다. 다양한 요소들에 점수를 주고 비교해야 한다. 모두 갖추었다면 좋겠지만, 그렇지 않다면 어떤 요소에 차별적인 강점이 있는지 파악해야 한다. 그리하여 더 좋은 입지를 찾을 수 있어야 한다. 좋은 부동산을 고르는 눈을 갖추었다면 가격 비교를 통해 어떠한 곳이 현재 가치 대비 고평가 또는 저평가 되었는지 알 수 있다. 이는 곧 성공적인 투자로 연결될 수 있다. 아울러 입지는 고정된 것이 아니다. 입지는 유동적이고 언제든 변화할 수 있다.

내 집 마련 타이밍

(1% 부동산 부자)

내 집 마련. 무주택자에게 내 집 마련은 풀리지 않는 숙제와 같다. 특히 경험이 적은 무주택자의 경우 언제 내 집을 마련해야 하는지, 언제 집을 사야 하는지, 더 고민이 될 수밖에 없다. 사실 누군가 집을 구입하는데 시기, 타이밍을 묻는다는 것은 그 이면에 다른 질문이 포함되어 있다. 집=주거라는 본질적 기능 외에 화폐로 평가되는 부동산의 가치 변동에 대한 의문이다. 집은 주거 기능으로 소유자(거주자)에게 효용을 준다. 주거가 집의 본질적인 기능이기 때문이다. 이와 함께 집은 매매를 통해 화폐로 교환 가능하다. 화폐교환 기능.

보통 부동산은 현금화가 어려운 것이 하나의 큰 특징이다. 다른 말로 유동성이 낮다고 표현된다. 하지만, 한국 부동산은 다르다. 왜냐면 많은 주택이 아파트로 구성되어 있기 때문이다. 아파트는 일반 주택과 다르게 규격화가 가능하다. 브랜드, 평형, 구조 등. 쉽게 말해, 일반 주택과 달리 ○○아파트 101동 1001호 34평(84 타입) 매매가를 검색하면 바로 시세가 나온다.

그렇기 때문에 아파트 거주자의 경우 앞집 시세가 곧 우리 집 시세가 된다. 앞집이 천만 원 비싸게 팔리면 우리 집도 천만 원 비싸게 팔릴 가능성이 매우 높아진다. 그리고 이것은 곧 해당 아파트 단지의 시세가 되고 평단가로 이어져 전반적인 시세를 형성하게 된다.

대한민국에서 부동산(아파트)은 화폐교환 기능이 매우 막강하다. 집값이 오르면 평가 이익이 늘어난 것이지만, 현실에서 느끼는 체감은 그렇지 않다. 그래서 집값이 오를 것인지, 떨어질 것인지 다들 궁금해 한다.

그만큼 대한민국에서 집값이 오르고 떨어지는 것은 중요하다. 가뜩이나 돈이 부족한 사회 초년생, 무주택자는 집값의 변동이 두 배로 더 중요하다. 그럼 다시 내 집 마련은 언제 하는 것이 좋을까? 난 무주택자라면 내 집 한 채는 언제 구입해도 괜찮다고 생각한다. 내 집 마련에는 타이밍이 없다. 1주택은 필수재이기 때문이다. 무주택자가 우려하는 집값에 대해 생각해 보자.

집값은 계속 상승한다 - 1. 부동산의 유한성(입지)

부동산학에서는 유한성을 부동산의 대표적인 특징 중 하나로 이야기 한다. 여기서 유한성이란 더 이상 공급이 불가능하다는 뜻이다. 대표적인 예로 땅이 있다. 반면 아파트는 계속 건설할 수 있다. 하지만, 여기에 입지란 요소를 더하면 달라진다. 입지가 좋은 아파트는 유한하기 때문이다. 이것을 다른 말로 바꾸면 내가 거주하는 지역, 내가 살고 싶은 지역의 아파트는 유한하다는 말로 바꿀 수 있다. 수요공급 법칙상 공급이 한정된 재화는 가격이 오를 수밖에 없다. 금과 같은 재화도 마찬가지다.

한번 생각해보자. 같은 시기에 지어진 시골 아파트와 서울 아파트의 가격이 어떻게 변화했는지. 더 나아가, 시골의 새 아파트 가격보다 서울의 오래된 아파트가 더 비싼 이유가 무엇일지. 서울의 오래된 아파트가 비싸고 가격이 많이 오른 이유는 부동산의 유한성을 바탕으로 아파트 건물은 감가상각 되었지만, 입지=땅의 가치는 그 이상으로 가파르게 상승했기 때문이다.

지금 당장 내가 원하는 곳, 살고 싶은 지역, 일자리가 있는 곳 또한 예외가 아닐 것이다. 그러한 곳은 한정적이다.

집값은 계속 상승한다 - 2. 인플레이션

인플레이션이란 무엇일까? 인플레이션이란 통화량이 증가하여 화폐가치가 하락하고 상대적으로 상품의 가격이 상승하는 효과를 말한다. 한마디로, 돈이 많아지니 상대적으로 물건의 가격이 비싸지는 것이다. 속된 말로 월급 빼곤 다 오른다.

만약, 우리나라 국민 모두에게 10억 원을 나누어 준다면 집값이 어떻게 변화할까? 과거에서부터 현재까지 통화량(돈)은 계속 증가해왔다. 더욱이 최근 경제 위기를 거치며 전 세계적으로 통화량은 더 급격하게 증가했다. 이를 '양적완화 정책'이라 부른다. 중앙은행이 시중에 통화를 직접 공급하여 경기를 부양하는 정책이다. 지금 전 세계는 시장에 돈을 풀고 있다. 코로나로 더 많은 돈을 풀었다.

통화량을 나타내는 M2 지표를 보면 얼마나 빠르게 돈이 공
급되었는지 확인할 수 있다.

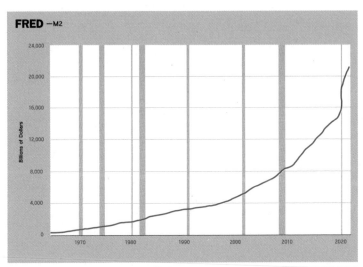

〈출처〉Federal Reserve Economic Data), 미국중앙은행

그래프에 나타난 선의 기울기는 돈이 풀리는 기울기와 같
다. 이것은 물가가 상승하는 기울기로 대체될 수 있다. 다시 말해
집값과 거의 유사하게 움직인다. M2는 끊임없이 상승해왔다. 다
른 말로하면 집값도 끊임없이 상승해왔다. 최근에는 M2의 기울기
가 더 가파르게 상승한 것을 확인할 수 있다. 실제로 전 세계적으

로 집값이 큰 폭으로 상승했다.

통화량은 계속 늘어날 것이다. 다른 말로 물가는 계속 상승할 것이고 이는 집값의 상승을 의미한다. 만약 물가가 하락한다면 이는 디플레이션으로 경제 위기를 뜻한다. 다른 말로 집값이 급격하게 떨어진다면 대한민국은 큰 경제 위기를 맞게 될 확률이 높다는 것이다. 정부와 기업, 시민 등 경제위기를 원하는 주체는 없다. 갑자기 집값이 떨어지면 대한민국은 큰 위기를 맞게 될 것이다.

집값은 계속 상승한다 –
3. 고령화와 저출산, 인구감소, 주택수 포화에 대한 우려

집값 하락론자는 이야기한다. 고령화로 노인들이 집을 판다. 저출산으로 인구가 감소하고 있다. 집을 팔 사람은 많은데 집을 살 사람이 없다. 그리고 집은 과거에서부터 지금까지 계속 짓고 있다. 이미 주택수는 포화됐다. 통계로도 발표됐다. 주택보급률이 100%가 넘는다.

여기서 다시 부동산의 유한성을 생각해 볼 필요가 있다. 먼저, 집은 노후화된다. 이미 집을 소유하고 있더라도 더 좋은 새집에 거주할 수 있다면 이사를 가고 싶다. 모두가 그렇다. 휴대폰이나 차를 이미 갖고 있어도 새 제품이 나오면 중고를 팔고 새 제품으로 교체한다. 이것은 인간의 기본적인 욕구다. 집도 마찬가지다. 그렇기 때문에 주택보급률이 100%가 되어도 사람들이 살고 싶어 하는 집은 한정적이다. 그래서 최근 지어진 신축 아파트가 잘 나가는 것이다.

물론, 시골의 주택, 입지가 좋지 않은 아파트 등은 가격이 떨어질 수도 있다. 그럼에도 분명한 사실은 우리가 원하는 곳은 이러한 곳이 아니란 점이다. 이 현상은 앞으로도 지속될 것이다. 인구가 줄어도 가구는 분화되어 가구 수가 늘어날 가능성이 높다. 집이 계속 지어져도 살고 싶은 집은 더 줄어들 것이다. 그리고 그것은 다시 가격으로 연결될 것이다.

우려와 현실 속에 무엇을 믿을지 결정해야 한다. 진정 집중해야할 것은 막연한 우려가 아닌 현실이기 때문이다. 나 또한 첫 집을 구매할 때 집값 하락에 대한 부분이 가장 두려웠다. 어렵게 집을 구입했는데 집값이 떨어지면 어떡하나 계속 전세를 살았다면 괜찮았을 텐데 등 여러 생각이 들었다. 하지만 내일 당장 집값이 오를지 떨어질지, 미래는 알 수 없다. 우린 신이 아니기 때문이다. 분명한 것은 장기적으로 집값이 오른다는 사실이다. 다른 말로

10년 뒤, 20년 뒤 집값은 지금보다 더 오를 것이란 사실은 누구나 충분히 예측할 수 있다.

그럼에도 만약, 집값이 떨어지면 불안함과 초조함이 느껴지며 큰 손해를 본 것과 같은 기분을 느끼게 될 것이다. 하지만 이것은 감정의 영역이다. 실제로 내가 손해를 본 것은 없다. 집을 팔지 않고, 실제로 거주하고 있다면 집이 나에게 주는 본질적인 기능을 누리고 있기 때문이다. (물론, 다주택자나 무리한 대출을 받은 투자자라면 다를 수 있다.)

그렇기 때문에 무주택자의 입장에서 이야기를 하는 것이다. 무주택자의 경우 전세나 월세에 거주하며 가격이 오를까 걱정하지 않고, 내 집에서 편안하게 주거를 누리며 떨어진 가격의 회복 및 상승을 기다릴 수 있다. 현시점에서 내 집을 마련하는 것은 고정 값이지만, 전월세에 거주하는 것은 알 수 없는 미지의 변동 값이기 때문이다. 나와 가족의 미래를 어찌 변할지 모르는 전세가격에 계속 의존할 것인지 고민해봐야 한다. 투자자(Trader)의 입장에서 주택 구입 타이밍은 매우 중요하다. 싸게 사서 비싸게 파는 것이 투자의 목적이기 때문이다. 하지만 실거주가 가능한 무주택자의 경우는 다르다. 남의 집이던 내 집이던 내가 살 곳은 반드시 필요하기 때문이다.

그리고 지금 정부 정책은 무주택자에게 매우 유리하게 설계되어 있다. 양도세뿐만 아니라 재산세, 종부세, 보유세까지 1주택자에게 매우 유리하게 설계되어 있다. 무엇보다 취득 단계에서 부과되는 취득세까지 유주택자에게 중과세를 부과하여 무주택자가 상대적으로 유리하게 시장 환경을 만들어 준 상황이다. 유주택자는 지금 집을 사고 싶어도 못산다.

떠난 기차는 되돌릴 수 없다. 그렇다고 기차를 버리고 걸어갈 수 없다. 분명 다음 기차가 올 것이다. 기차를 한번 떠나보냈다고 다음 기차까지 포기하면 안 된다. 우리가 가야 할 이 길은 매우 멀고 긴 여정이다.

규제라 쓰고 호재라 읽는다

　　5~6년 전 집값이 상승하기 시작하자 정부에서 가장 먼저 내놓은 정책은 규제정책이었다. 조정대상지역, 투기지역 등 생소한 용어들이 나타나기 시작했다. 부동산 투자를 하고 있었지만, 지방에 거주하고 있었고 서울에 집도 없었기 때문에 나와는 큰 상관이 없다 생각했다.

　　그러던 어느 날 내가 살고 있는, 내가 소유하고 있는 지역이 규제지역으로 지정된다는 뉴스가 나왔다. 깜짝 놀랐다. 각종 언론 매체의 1면에 대문짝만 하게 우리 지역과 관련한 부동산 뉴스가 나오기 시작했다. 구체적인 규제 내역은 몰랐지만 당황스러웠다. 어떻게 해야 할지 몰랐다. 겁부터 났다. TV를 틀면 집을 팔 마지막 기회를 준다고 이야기했다. 집값을 다시 예전으로 돌려놓겠다고 강하게 이야기했다. 집값이 올라 기뻐했는데 이런 기사를 보니 혼란스러웠다. 마음이 초조해졌다.

실거주하면 된다던 초심은 온데 간데 사라지고 조금이라도 건지기 위해 지금이라도 팔아야겠다 생각했다. 성공의 경험을 실패로 바꾸고 싶지 않았다. 배우자와 상의 후 더 늦기 전 정부 말을 따라야한다 결정했다. 그렇게 집을 매도했다. 우리가 내놓은 집을 구입하는 사람을 보며 속으로 딱하게 생각했다. 그리고 얼마 뒤 규제지역으로 지정 되었다. 규제지역에 지정되기 전에 팔아서 정말 다행이라 생각했다.

하지만 결과는 반대였다. 규제지역이 지정되고 나니 집값이 폭등하기 시작했다. 2년을 기다렸는데 내가 기다린 2년보다 규제지역으로 지정되고 난 후 2개월 동안 집값이 더 많이 상승했다. 배우자에게 면목이 없었다. 집을 팔고 난 뒤 해당 아파트 앞을 지나가는 것은 우리 가족에게 큰 고통이 되었다. 지역과 아파트 명칭을 입에 담을 수조차 없었다. 왜 나에게 이런 일어났는지 생각하고 또 생각했다. 다시는 이런 실수를 반복하지 않기 위해서였다.

온전한 판단을 하지 못한 이유, 옳은 선택과 결정을 하지 못한 이유를 찾아내고 또 찾아냈다. 타인의 말만 듣고 내린 결정의 책임은 온전히 내가 져야했다. 최종 결정은 내가 내렸고 내 인생이기 때문이다. 다시 같은 실수를 반복할 수 없었다.

그렇게 고민 끝에 알게 되었다. 규제라 쓰고 호재라 읽는다는 것을. 많은 사람들이 규제에 대해 묻는다. 규제가 나오면 사람들이 규제를 분석한다. 유튜브와 인터넷 카페에서는 열띤 토론이 열린다. 무엇에 집중해야할까? 규제가 나온다는 것은 부동산 경기가 과열됐다는 것을 의미한다. 과열을 다르게 해석하면 부동산 경기가 좋다는 뜻이다. 앞으로 해당 지역의 부동산 가격이 더 많이 상승할 것을 의미한다.

다르게 생각할 수 있어야 한다. 이미 집을 갖고 있는 사람, 내가 살고 있는 지역이 규제지역으로 지정된다면 이것은 악재가 아니라 호재일 수 있다. 앞으로 가격이 더 오르고 수요가 몰릴 것을 방증하는 것이기 때문이다. 우리지역이 규제지역으로 지정되면 우리 동네의 집값이 오를 확률이 높다는 뜻이다. 그것도 해당 분야의 전문가들이 집단지성을 갖고 내린 합의를 공식적으로 공표한 것이다.

무주택자의 입장에서는 어떤가? 규제지역으로 묶이는 곳은 가격이 상승하고 각종 규제로 매매가 어려워진다. 그렇기에 무주택자는 비규제지역에서 규제지역으로 변화할 곳을 선점해야 한다. 남들과 다르게 생각해야 한다. 규제지역은 좋은 곳이다. 나라에서 그 가치를 인정해준 곳이다.

앞선 집을 팔고 우린 빠르게 다음 집을 구입했다. 두 번의 실수는 용납할 수 없었다. 다음 집도 금세 규제지역으로 묶였다. 당황하지 않았다. 이번에는 달랐다. 과거의 뼈아픈 기억이 지혜와 용기를 준 것이다. 이번에도 사람들이 동요했다. 정부 규제에 소중한 자산을 헐값에 내놓기 시작했다. 새롭게 구매한 집의 입주를 앞두고 대출 규제가 소급된다는 뉴스가 나왔다. 예상했던 금액의 대출도 나오지 않게 된 것이다. 그러니 더 많은 사람들이 겁에 질려 집을 내놓기 시작했다.

시장은 혼란스러웠고 폭락론이 고개를 들었다. 유튜브, 카페 등에는 폭락론자가 미래를 예측하는 글을 연달아 쓰고 댓글은 수십개, 수백개 달렸다. 사람들의 심리가 그대로 녹아났다. 그럼에도 우린 흔들리지 않았다. 원리를 이해하고 있었고, 우리가 세운 원칙에 따라 집을 구입했기 때문에 믿음을 잃지 않았다. 오히려 위기를 기회로 생각하여 투자를 더 과감하게 실행했다.

두 번 실수하지 않았다. 물론, 지금도 가끔 상상한다. 뼈아픈 경험이 없었다면 내 삶이 어떻게 변화하였을까. 상상하고 또 상상한다. 규제를 두려워하면 안 된다.

시장이 혼돈 속에 있을 때 냉철한 이성을 갖고 분석, 판단해야 한다. 본인만의 원칙과 기준을 갖고 흔들리지 않아야 한다. 위기는 기회이다. 누군가 규제를 보며 두려움을 느낄 때, 누군가는 규제를 호재로 보고 새로운 도전을 시작할 것이다.

선입견 깨기

　　선입견을 깨야 한다. 선입견을 깨야 이기는 투자를 할 수 있다. 선입견을 갖는 순간 정보가 왜곡되어 해석되고 왜곡된 정보는 잘못된 판단을 불러온다. 선입견은 이성의 합리에 근거하기보다는 대부분 개인적 경험과 감정에 의해 일어난다. 선입견은 보이지 않은 내 안의 적이다.

　　어디 동네는 잘사는 동네, 어디 동네는 못사는 동네. 서울뿐만 아니라 각 도시마다 해당 지역에서 잘사는 동네가 있다. 학군과 인프라도 더 좋다. 이러한 것들은 사람과 사람 사이에 공유되고 하나의 보이지 않는 선입견을 만든다. 특히, 어린 시절부터 각인되어

온 선입견은 더 강하게 작용한다. 실질과 관계없이 ○○동에 산다고 하면 다 부자라고 느껴진다던지, ○○동에 산다고 하면 다 가난할 거처럼 느껴지는 것과 같은 선입견. 그래서 같은 아파트라고 하더라도 ○○동에 있는 아파트는 보이지 않는 프리미엄이 붙고, ○○동에 건설된 아파트는 보이지 않는 마이너스(페널티)가 붙는다.

내가 속한 지역도 그랬다. ○○동에 아파트가 분양하자 사람들이 관심을 보이지 않았다. 오랜 기간 못사는 동네였기 때문이다. '그곳은 외졌고, 동네 수준이 떨어진다. 주변에 LH아파트가 많다.' 등 안 좋은 이야기가 시장을 지배했다. 나 또한 마찬가지였다. 친한 지인이 해당 아파트에 관심을 갖고 나에게 의견을 물었을때 깊게 생각하지도 않고 '별로' 라고 먼저 대답했다. 선입견에 막혀 객관적 판단을 할 시간조차 갖지 않은 것이다. 대중과 같이 생각했다. 선입견은 실제 청약결과로 이어졌다. 미분양이 됐다. 당연한 결과라고 생각했다. 몇몇 사람들은 미분양 아파트의 당첨자(계약자)를 걱정했다.

하지만, 이후 아파트가 완공되자 미분양 아파트에 프리미엄이 붙기 시작했다. 일대도 변화했다. 상권이 형성됐고, 사람들이 모였다. 과거 ○○동에 산다고 하면 가난한 이미지가 있었지만, 이제 ○○동에 산다고 하면 중산층 이상의 이미지가 부여된다. 물론 실제 집값도 많이 상승했다. 지역과 아파트를 비하했던 사람들은 모두 사라졌다.

현재가 아닌 미래를 봐야 한다. 사람들은 흔히 과거에 붙잡혀 있다. 내가 경험한 과거의 현상이 현재와 미래까지 계속 이어질 거라 믿는다. 이것은 확증편향이 되어 올바른 판단을 막는다. 못사는 동네, 학군이 안 좋은 동네, 교통이 불편한 곳 등 과거 경험에 기반하여 미래도 그렇게 될 것이라 판단하면 안 된다.

성공한 투자자가 되려면 남들이 보지 못하는 것을 봐야한다. 과거가 아닌 미래를 볼 수 있어야 한다. 미래의 변화된 모습을 볼 수 있어야 한다. 개발 호재가 있다면 개발 된 후 미래를 그릴 수 있어야 한다.

난 이점에 착안하여 다음 아파트는 낙후된 지역 중 개발이 진행 중인 곳을 매입했다. 흔히들 이야기하는 못사는 동네였다. 이미지가 좋지 않아 시장 반응 또한 좋지 않았다. 입주할 사람들을 비하하는 여론이 강했다. 하지만 난 확신이 있었다. 앞선 시행착오에서 강한 교훈을 얻었기 때문이다.

사람들의 강한 선입견 덕분에 난 해당 아파트를 저렴하게 구입할 수 있었다. 경쟁도 거의 없었다. 경쟁이 적으니 강한 협상력을 가질 수 있었다. 원하는 물건을 원하는 조건에 매입할 수 있었다. 이후 해당 아파트는 완공되고 높은 가치(가격)상승이 있었다. 비하하던 사람들은 또 사라졌다.

선입견을 깨야 한다. 선입견은 성공적인 투자를 막는다. 실질을 봐야 한다. 변화를 읽어야 한다. 남들이 보지 않는 미래에 투자해야 한다. 그곳이 가장 경쟁자가 적은 곳이다. 경쟁자가 적다는 것은 그만큼 가격이 저렴하다는 것과 같다. 가치보다 가격이 저렴할 때 매수하면 절대 지지 않는다.

평단가 보기

평단가를 볼 수 있으면 같은 아파트 내에서도 객관적인 가치평가를 할 수 있다. 이는 비교할 수 있는 눈을 갖게 해준다. 만약 내가 남보다 더 정확하게 가치를 평가하고 비교할 수 있다면 남보다 훌륭한 아파트를 더 저렴한 가격에 매입할 수 있다. 부동산 물건마다 평이 다르다. 매매가도 다르다. 다른 조건이 동일하다면 20평, 25평, 30평, 34평, 39평의 가격차이는 어떻게 나야할까? 4억, 5억, 6억처럼 부르기 좋은 숫자로 차이 날까? 평수에 따른 가격차이를 정의하기 막연하다. 기준이 없으니 어렵다. 이때, 평단가를 볼 수 있어야 한다. 평단가를 계산하면 차지하는 공간의 면적에 따른 가치 계산과 비교가 가능하다. 물론 예외도 존재하겠지만 기본적인 분석 툴로 이만큼 정확하고 훌륭한 것이 없다.

분양권을 매수한다고 가정해보자. 특정 아파트의 분양권이 있다. 20평과 30평 매물이 있다. 프리미엄은 3,000만원으로 동일하다. 만약 해당 아파트에 투자한다면, 분양권을 매수한다면 무엇을 매수해야할까? 프리미엄이 100만원이라도 저렴하면 해당 분양권 매물을 구입하는 것이 유리할까? 유사한 조건이라면 평단가를 통해 프리미엄의 적정 수준 또한 다시 유추해볼 수 있을 것이다. 첫 번째 20평의 경우, 평당 150만원의 프리미엄이 붙은 것으로 계산할 수 있다. 그리고 30평의 경우, 평당 100만원의 프리미엄이 붙은 것을 계산할 수 있다. 이것은 현재 30평이 가치가 낮게 평가되어 시장에 매물로 나온 것이다. 위 상황에서 만약 분양권을 매수한다면 30평을 매수하는 게 유리하다. 실제로 프리미엄이 저렴하게 붙었을 뿐만 아니라 장기적 안목에서도 가치 상승분이 더 클 것이다. 결국에 평단가는 비슷한 수준으로 수렴하게 될 것이기 때문이다.

그렇기 때문에 평단가를 볼 수 있어야 한다. 크기가 다르다면 평단가를 계산하자. 평단가를 비교하면 더 정확한 가격 비교가 가능하다.

1000 아끼려다 5000 잃는다

(로얄동, 로얄층)

투자를 하며 시행착오가 많았다. 내가 가진 문제도 많았다. 경험, 돈, 지식, 믿음 등. 그 중 가장 큰 문제는 돈이었다. 돈이 없으니 항상 고민했다. 한번이라도 실패하면 다음 기회가 올 것 같지 않았다. 분명 맘에 드는 아파트가 있었다. 근데 돈이 없었다. 조금이라도 저렴하게 사고 싶었다. 가격이 문제였다.

시장에는 매물이 많았다. 돈만 있으면 원하는 매물을 골라 구입할 수 있었다. 동일 단지 내에서도 다양한 동, 다양한 층의 매물들. 하지만 돈이 없었다. 대출은 당연했지만 당연한 대출도 부족했다. 조금이라도 싸게 사기 위해 고민하던 중 저층 매물을 발견했다. 저층을 선호하지는 않았지만 저층을 구입했다. 저렴했기 때문이다. 동은 고민도 안했다. 층이 낮다고 해도, 사용하는 공간은 동일하기 때문에 합리적인 선택이라고 생각했다. 그렇게 위로했다.

시간이 지나고 부동산 가격이 상승했다. 근데 속이 쓰렸다. 부동산 상승 과정에서 저층만 가격 상승이 더뎠던 것이다. 분명 같은 아파트인데 손해 본 기분이 들었다. 구입 당시 저층과 고층은 1,000만 원 가량 가격차이가 났다. 지금 생각하면 큰 차이는 아니다. 그래도 돈이 없던 우리에게 1,000만원은 큰돈이었다.

시간이 지난 뒤 1,000만원 차이는 5,000만원 차이로 벌어졌다. 그것도 순식간에 벌어진 일이었다. 그렇게 1,000만원을 아끼고 5,000만원을 놓쳤다. 이것은 큰 교훈이 되었다. 로얄동과 로얄층의 가치를 알게 해준 것이다. 이후 아파트를 분석 할 때, 로얄동과 로얄층을 반드시 찾는다. 가격차이가 있더라도 해당 가격차이가 합리적이라면 비용을 더 지불하고 로얄동, 로얄층 매물을 구입한다. 합당한 대가라고 생각하기 때문이다. 같은 아파트 단지라고 다 같다 생각하지 않는다. 저층과 고층의 차이, 같은 단지 내에서도 로얄동과 그 외 동의 차이가 분명 있다. 그리고 이것은 가격으로 귀결된다.

참고로, 저층 아파트를 매도할 때 생각했던 가격보다 더 저

럼하게 매도했다. 왜 저렴하게 매도했을까? 먼저, 부동산에 매물을 내놓는 순간 부동산 사장님의 반응이 달랐다. 저층이라는 이유로 가격부터 깎으려 했기 때문이다. 이러한 반응은 나를 강하게 압박했다. 믿음과 경험이 부족했기 때문에 흔들렸고, 나 또한 스스로 저층이라는 페널티를 인식했기 때문에 강한 협상력을 가져가지 못했다. 실제로 집을 찾는 사람도 적었다. 집을 내놓아도 다른 집보다 찾는 사람이 적었던 것이다. 유동성이 낮았다. 시간이 흐르면 흐를수록 집에 대한 확신과 자신감이 약해졌고 이는 협상의 주도권을 상대방에게 넘겨주는 결과를 가져왔다. 그렇게 결국, 집이 매도됐다. 복합적 요인이 작용했겠지만, 이런 페널티를 굳이 가져야할 필요는 없었다. (절대 이런 과오를 범해선 안 된다.) 로얄(Royal)동과 로얄(Royal)층을 찾자. RR은 훌륭하다.

1주택 투자전략

(투자와 거주 분리)

집을 구입할 때 위치가 정말 중요하다. 어디에 집을 샀느냐에 따라 자산가격의 변동으로 경제적 지위가 크게 변동될 수 있기 때문이다. 무주택자로 지금 집을 구입한다면 어디에 구입할 것인지 생각해보자.

사람들과 대화를 해보면 이 질문에 다양한 답변이 나온다. 왜냐하면 각자 성장해온 지역과 현재 거주하고 있는 지역, 일자리, 소득이 다르기 때문이다. 비슷한 환경에 있는 사람이라도 각자 중요하게 생각하는 우선순위가 다르기 때문에 결과는 또 다르게 나올 수 있다. 사람은 보통 자기가 경험하고 배운 것을 기반으로 판단하고 결정을 내리게 된다. 집 구입도 마찬가지다. 많은 이들이 자기가 살아온 곳, 부모님이 살고 계신 곳, 지금 살고 있는 지역 및 현재 다니는 직장 등을 고려하여 집을 어디에 구입할지 고민하고 결정하게 된다. 이건 너무나 당연한 현상이다. 극단적으로 모두가 똑같은 곳에 살고 싶어 하면 대한민국 사람들 모두 강남에서 살아야 할 수도 있기 때문이다.

중요한 점은 이러한 자기 경험과 익숙함에 기반한 사고는 원하지 않는 결과를 불러올 수 있다는 사실이다. 왜냐하면 집을 구입하는 목적은 단순히 거주만을 목적으로 하지 않기 때문이다. 대한민국 사람들에게 있어 집이란 단순한 보금자리뿐만 아니라 주요한 자산증식 수단이다. 특히 돈이 없는 흙수저에겐 더더욱 중요한 수단이다.

집을 구입할 때 단순하게 거주뿐만 아니라 투자까지 만족시켜야 한다. 그렇기 때문에 집을 구입하는 행위가 어려운 것이다. 거기다 첫 집이라면 더욱더 어려울 것이다. 보통은 거주하기도 좋고 투자하기도 좋은 곳은 한정적이다. 그리고 또 가격이 비싸다. 그래서 우린 평가 주체를 기준으로 거주와 투자를 나눠야 한다. 거주와 투자의 분리.

그렇다면 거주하기 좋은 곳을 평가하는 주체는 누구일까?

거주를 평가하는 주체는 자기 자신이다. 아무리 남들이 살기 좋다고 하여도 내가 살기 불편하면 살기 좋은 곳이 아니다. 반대로 남들이 싫어해도 내가 살기 좋다면 살기 좋은 곳이 된다. 이러한 곳은 보통 자기가 성장해온 지역일 확률이 높다. 다른 말로 잘 알고 익숙한 지역, 부모님과 가까운 곳, 자녀가 있다면 시부모(친가)나 친정(외가)에서 가까운 곳, 현재 직장과 가까운 곳 등이 될 것이다. 그리고 이러한 곳이 거주하기 좋은 곳이 된다.

거주와 달리 투자를 평가하는 주체는 내가 아닌 타인이다. 다른 말로 하면, 시장이다. (타인의 집합=시장 / 타인의 수요=시장 수요) 평가 주체를 구분하는 것은 중요하다. 내가 살아온 지역, 익숙한 곳 즉, 내 선호지역이 투자 선호지역과 일치한다는 보장이 없기 때문이다. (만약 모두가 선호하는 유망한 투자처에서 성장해 온 사람이라면 흙수저가 아닐 확률이 높다.)

그렇기 때문에 투자를 중심으로 접근한다면 내가 아닌 타인의 시선으로 시장을 바라봐야 한다. 나의 기준이 아닌 타인의 평가 기준 즉, 시장의 평가 기준으로 부동산을 평가해야 한다. 그래야 부동산의 가치를 객관적으로 평가할 수 있다. 시장에서 중요하게 여기는 평가 기준은 어떤 것들이 있을까?

앞서 좋은 부동산에서 설명한 내용과 같이 교통, 일자리, 학군, 편의시설, 브랜드, 대단지 등 다양한 요소가 있다. 그리고 이러한 요소들을 모두 충족시키는 부동산은 가격이 비싸다. 흔히들 말하는 인기지역의 대장아파트. 요약하면 다음과 같다.

- 거주하기 좋은 곳 : 내 일자리(직주근접), 내가 살아온 곳, 내 가족이나 지인들이 있는 곳 등
- 투자하기 좋은 곳 : 교통, 학군, 편의시설, 브랜드, 대단지 등 (비싼 곳, 대장 아파트, 1급지)

여기서 두 가지 고민이 생긴다.

고민 1 : 어디가 투자하기 좋은 곳인지는 알겠는데 구입할 여력이 없다. 돈이 없다.
고민 2 : 내 일자리, 살아온 지역, 그리고 앞으로 살아야 할 지역은 투자하기 좋은 곳과 거리가 너무 멀다.

우린 어떻게 해야 할까? 먼저 고민 1에 대한 대답은 '대장 아파트를 구입할 수 없다면 그다음으로 좋은 아파트를 구입해야 한다'는 것이다.

1급지를 구입할 수 없다면 2급지라도 구입해야 한다. 1급지가 먼저 움직이면 그다음으로 2급지가 움직일 가능성이 높기 때문이다. 1급지를 구입할 수 없다고, 모든 것을 포기할 수는 없다. 실제로 대부분 서민들은 시작부터 1급지를 구입할 수 없다.

　　고민 2에 대한 대답은 투자와 거주를 분리해야 한다는 것이다. 나의 시행착오 중 하나가 바로 이 부분이다. 그렇기에 더 강조하고 싶다. 경험이 적었던 나는 구입한 부동산에 반드시 실거주를 해야 한다고 생각했었다. 물론 이 또한 안정적인 투자방법임에는 틀림없다. 하지만 그럼에도 다른 대안을 생각조차 할 수 없었던 것이 너무나 아쉽다. 왜냐하면 더 선호하는 투자처가 있음에도 실거주가 가능한 대안 내에서만 고민하고 결정할 수밖에 없었기 때문이다. 즉, 스스로 한계를 그어버린 것이다. (실거주가 나쁘다는 말이 아니다.)

　　투자한 부동산에 반드시 거주할 필요는 없다. 내 집 마련을 했다고 하여 반드시 해당 집에 거주해야 하는 것은 아니다. 내 집이라도 거주하지 않고 남에게 세를 줄 수 있다. 또한, 내 집이 있더라도 남의 집에서 세입자로 생활할 수도 있다. 사고를 유연하게 해야 한다. 그래야 나에게 선택지가 생기고 상황에 맞는 유연한 대처가 가능하다. 하늘이 무너져도 솟아날 구멍이 있듯 거주와 투자,

내 집 마련에도 다양한 방법들이 존재한다.

투자와 거주를 분리하는 전략을 쓸 수 있어야 한다. 투자(소유)는 가장 유망한 곳에 하되, 거주는 내가 살기 편리한(또는 좋은) 곳에 할 수 있어야 한다. 그렇게 한다면 거주의 편리성과 투자 이익 모두를 가져갈 수 있다.

내가 좋아하는 지역 외에 남들이 좋아하는 지역까지 모두 살펴보고 결정하자. 내가 살지 않더라도 그곳은 좋은 투자처로 나에게 훌륭한 생산수단이 되어줄 것이다.

부동산 양극화
(하락의 극은 절대 피하라)

부동산 양극화가 진행되고 있다. 언론에서도 수차례 관련 내용을 보도했다. 나 또한 KB 부동산 데이터 등을 분석하는 과정에서 양극화를 확인할 수 있었다. 양극화는 단순한 우리 사회의 문제가 아니라 현실이다. 이것을 문제로만 바라보아서는 안 된다. 현실이 그러하다. 현실은 현실이다. 세상은 감정으로 움직이지 않는다. 그렇기 때문에 양극화 과정에서 어디에 설 것인지 판단하고 맞추어 대응해야 한다.

도로를 한가운데 놓고, 1억짜리 아파트와 10억짜리 아파트가 갈라져 있다. 평수는 크게 차이나지 않는다. 하지만 도로를 건

너면 가치가 10배 가까이 상승 또는 하락한다. 과거에는 그렇지 않았다. 이 정도까지 큰 차이가 나진 않았다. 하지만 지난 몇 년간 격차는 점점 벌어졌다. 지역 별로, 아파트 별로, 지어진 시기, 브랜드 등 각종 요인을 기반으로 차별화가 진행되었다.

'키높이 하겠지' '비슷해지겠지' '아니 평수가 비슷한데 이건 말이 안 돼' 등 수많은 이야기가 오고 갔다. 양극화의 요인은 다양하다. 서울과 지방의 양극화, 강남과 강북의 양극화, 도심과 외곽, 신축과 구축, 초품아, 역세권 등 여러 요인에서 양극화가 진행되고 있다. 이 요인이 복합적으로 작용하면 양극화는 더 심해진다. 무엇보다 궁극적으로 가격의 차이가 발생한다.

무주택자들은 유주택자와 무주택자 사이의 양극화를 크게 피부로 느끼고 있을 것이다. 유주택자라면 서울과 지방, 신축과 구축 사이의 양극화를 느끼고 있을 가능성이 높다. 그리고 이 모든 것은 상대적 박탈감으로 다가올 것이다.

양극화는 시장경제에서 발생하는 자연적 현상이다. 억지로 통제하지 않는 이상 막을 수 없다. 특히, 우리와 같은 일반 개인이 할 수 있는 조치는 사실상 없다. 우리가 문제라고 인식하더라도 막을 수 없다. 불만스럽더라도 그것이 현실이다. 그렇다면, 이 양극화를 바라만 보아야 할까? 두 손 놓고 바라보며 불평만 해야 할까?

양극화라는 것은 양쪽으로 나뉜 끝이 있다는 것이다. 한쪽은 하락하고 있다. 다른 한쪽은 상승하고 있다. 부동산에 있어서 상승하는 쪽은 지속적인 가격의 상승을 누리고 있다. 종부세 대상이 아니었던 사람이 종부세를 걱정한다. 오히려 살고 있는 집값이 너무 올랐다고 불평하는 사람이 나타나기 시작했다. 반대쪽은 가격이 오르지 않거나 심할 경우 떨어지기도 한다. 이 둘의 상황 차이는 극명하다. 무엇보다 가장 큰 시사점은 둘 간의 격차가 점점 더 벌어지고 있다는 것이다. 이것은 상대적이다. 그리고 우리는 상대적 격차를 더 크게 느낀다. 특히, 대한민국은 남보다 잘 사는 것이 중요한 곳이다.

그럼 다시, 선택해야 한다. 양극화 속에 선택해야 한다. 상승하는 쪽에 있을 것인지, 하락하는 쪽에 있을 것인지. 지속적으로 하락하는 곳에서 스스로가 원하는 장밋빛 전망만을 바라며 시간을 보내면 안 된다. 불평만으로 소중한 시간과 기회를 놓쳐서는 안 된다. 양극화 속에 막연한 기대와 희망은 절망으로 순식간에 바뀔지 모르기 때문이다.

돌아봐야 한다. 내가 사는 곳이 어떠한지, 나의 자산이 어떻게 변화하고 있는지. 내가 지금 양극화의 바닥에 있는지, 아니면 양극화의 위에서 상승을 타고 있는지. 시장은 거대한 수요와 공급의 집합이다. 우리는 그 안의 하나의 점(수요량)일 뿐이다.

만약 양극화로 인해 본인의 경제상황(부동산)이 계속 하락하고 있다면 현 상황을 점검해봐야 한다. 하락의 극에 놓인 상황을 그대로 방치해서는 안 된다. 늦었다고 생각할 때는 이미 늦었다. 그럼에도 그것을 인식하는 그 순간이 현실에서는 마지막 기회일 가능성이 높다.

기회와 능력이 된다면 반드시 상승의 극으로 이동해야 한다. 상승의 극에서 양극화의 이점을 누릴 수 있어야 한다. 이 극은 앞으로 더 벌어질 것이다. 10년 전의 빈부격차보다 10년 후의 빈부격차가 더 심해질 것이다.

내가 속한 극을 확인해야 한다. 우린 반드시 상승의 극에 있어야 한다.

대출은 많이 받을수록 좋은가?

우리나라는 대출을 터부시하는 문화가 있었다. 고금리 시절, 연대보증 제도가 있었고 이로 인한 사회적 문제가 많았다. 윗세대에서 경험한 대출의 문제점은 대출에 대한 부정적 편견을 만들었다. 그리고 이런 편견이 자녀에게 그대로 교육, 세습되어 일부는 지금도 대출이라 하면 무조건 부정적으로만 생각한다.

하지만 세상은 변했다. 저금리 시대, 대출과 관련한 금융제도는 보완, 정비되었다. 연대보증 제도는 폐지되었다. 그리고 공공연하게 돈이 돈을 버는 세상이 되었다. 과거엔 그랬지만, 지금은 달라진 것이다.

그럼에도 대출을 이용해본 경험이 없는 사람에게 대출은 두려운 대상이다. 대출 없이 투자가 가능하면 좋겠지만, 그러기엔 현시대 자산 가격이 너무 비싸다. 내가 갖은 자산이 부족하고, 내 소득 또한 적다. 그래서 우린 대출과 친해져야 한다. 대출을 이용해야 한다. 그래야 내 자산과 소득의 한계를 뛰어넘을 수 있다.

레버리지 효과는 덤이다. 그럼에도 여전히 대출이 두렵다. 실제로 대출을 받으려 하면 주변에서 만류하는 사람들이 나타난다. 가장 먼저 부모님부터 만류하신다. 정부 당국자는 연일 언론매체를 통해 가계부채를 경고한다. 주변의 이런 상황은 가뜩이나 경험이 적은 흙수저를 압박한다. (흙수저 주문이다.)

대출은 신뢰의 대가다. 친구 간에도, 가족 간에도 돈을 빌리는 것은 쉬운 일이 아니다. 특히 그 금액이 커지면 커질수록 쉽지 않다. 돈을 빌려주는 순간부터 갑이 아닌 을이 되는 것이기 때문이다. 그럼에도 은행에서 돈을 빌려준다는 것은 대출자의 신용을 믿고 돈을 준다는 것이다. 물론 담보 대출도 있지만 그 담보마저 대출자의 신용을 나타내는 직접적 지표이기 때문이다. 그렇기에 나의 대출은 나의 신용을 증명한다. 만약 내가 대출을 받을 수 있는 입장이라면 난 이미 그 대출을 상환할 충분한 능력을 갖추었다는 것을 인정받은 것이다.

'과거로 돌아간다면 어디에 투자했어야 하는데' 하고 아쉬워하는 사람이 많다. 하지만 그 당시 투자를 할 수 없었던 것은 지금 이 순간을 알 수 없었기 때문이다. 위험을 감수할 확신이 없었던 것이다. 그럼에도 불구하고 그 당시 대출까지 받아 가며 본인의 자산을 투입한 사람들은 공부하고 또 공부한 사람이다. 그렇게 스스로 확신도를 높여간 사람들이다.

투자를 성공시켜본 사람은 안다. 돈을 놀게 해서는 안 된다는 사실을. 그들은 돈이 노는 것을 견디기 어려워한다. 여윳돈이 조금이라도 있으면 어딘가에서 돈이 일하게 만들고 싶어 한다. 조금이라도 더 유용한 생산수단으로 바꾸고 싶어 한다. 왜냐면 돈은 일을 하지 않으면 가치가 스스로 하락하기 때문이다. 이것은 기본이다. 대출을 받아 투자를 성공시켜본 사람은 그 다음 단계로 넘어간다.

대출을 받으면 레버리지 효과로 자기 자본만 투입했을 때보다 훨씬 더 큰 수익률과 수익을 안겨준다. 불가능한 투자도 가능하게 만들어준다. 10년 뒤, 20년 뒤에 가능한 일을 지금 현재 가능하게 만들어준다. 그렇기 때문에 대출을 이용하고자 한다. 다른 말로는 자기 돈뿐만 아니라 남의 돈까지 일을 시키고 싶어 한다. 그렇게 대출을 받아 돈이 나를 위해 일하게 만들려한다. 그리고 지난

5년간은 그 어느 때보다 돈이 열심히 일을 한 시기이다. 얼마나 더 많은 돈을 열심히 일하게 했느냐에 따라 부의 결과가 달라졌다.

대출을 두려워해서는 안 된다. 대출은 투자자에게 있어 가장 든든한 지원군이자 파트너다. 대출은 나를 부자로 만들어주는 황금 지렛대가 될 것이다.

세금 안 내고 부동산 투자하기

　　투자자라면 누구나 솔깃한 문구다. 헌법에 납세 의무가 명시되어 있지만, 실제로 납세 의무를 이행하여 세금을 내는 것은 쉬운 일이 아니다. 특히, 부동산 투자자라면 취득에서부터 보유, 처분까지 계속해서 부과되는 세금이 부담스럽고 싫은 것이 사실이다. 사실 가장 아까운 돈이다. 난 평소 세금과 관련하여 주변의 많은 전화를 받는다. 그리고 최근에는 그 전화가 더 많아졌다. 부동산 관련 세법이 급격하게 변화했기 때문이다.

　　세금을 안 내고 부동산을 투자하는 방법은 크게 3가지가 있다. (양도소득세 기준)

1. 1세대 1주택 비과세를 받는다.

    [다른 말로 1주택(12억 이하)만 보유한다.]

    *양도소득세 비과세 기준 금액 상향(9억→12억)

    – 소득세법 개정 2021.12.08

2. 가격이 오르지 않는 부동산에 투자한다.

3. 부동산 투자를 하지 않는다.

처음 부동산 세금을 공부하기 시작한 사람들은 1번(1세대 1주택)에 꽂히게 된다. '1세대 1주택으로 2년마다 이사를 가면서 계속 비과세를 받아야겠다.' 이사를 갈 때 일시적 2주택이 중요하다. 부부합가, 부모부양 등 일시적 2주택 특례를 적용받아야겠다.' 등. 세법을 공부하며 1세대 1주택만큼 비과세의 폭을 크게 인정해준 항목을 본 적이 없다. 그만큼 1세대 1주택 비과세 특례는 대단한 세금 혜택이다. 분명 해당 제도는 부동산 투자자가 반드시 익히고 혜택을 받을 수 있다면 꼭 챙겨야 하는 부분이 맞다.

하지만 여기엔 한 가지 가정이 반드시 추가돼야 한다. - '주택은 반드시 1채만 보유한다.' - 이 글을 읽는 독자는 흙수저에서 벗어나 경제적 자유를 꿈꾸는 예비 부자다. 근로소득, 사업소득 외 적극적인 투자를 통해 자산 증식을 이루어야 한다. 부동산 투자를 한다면 소액의 빌라, 오피스텔에서부터 고액의 강남 아파트, 상가주택(건물)까지 성장해 나가야 한다.

투자자라면 돈을 벌기 위해 투자를 해야 한다. 성공적인 투자를 하기 위해서는 공부해야 한다. 투자 대상의 교통, 학군, 일자리 등 입지분석에서부터 투자금, 대출, 전월세율, 세금 등 자금분석까지. 투자자라면 세금 내는 것이 두려워 투자를 회피해서는 안된다. 부동산 투자를 하고 세금을 낸다는 것은 앞에서 말한 이유의 반대말이기 때문이다.

1. 2주택 이상이다. 또는, 1주택자이지만 12억 이상의 주택을 소유하고 있다.
2. 가격이 오르는 부동산에 투자했다. (많이 오르면 오를수록 세금도 많다.)
3. 부동산 투자를 적극적으로 했다.

우린 흙수저에서 벗어나 부자가 되길 원하고 있다. 부자가 되기 위해서는 세금과 친해져야 한다. 세금을 잘 아는 것뿐만 아니라 세금을 많이 내는 사람이 부자이기 때문이다. 그리고 부자가 되면 될수록 세금은 더 많이 낼 것은 분명하다.

세금이 두려워 투자를 회피하면 안 된다. 우리가 진정 두려 워해야 할 것은 적극적으로 투자를 했음에도 불구하고 낼 세금이 없는 상황이다. 낼 세금이 없다는 것은 가격이 오르지 않는 잘못된 목적물에 투자를 했다는 것이다. 다른 말로 투자를 통해 번 돈이 없다는 말, 즉 투자에 실패했다는 이야기이기 때문이다.

우리는 투자에 있어 긍정론자가 돼야 한다. 부정론자에게 는 방법이 보이지 않는다. 부정적인 사람에게는 하지 않아야 할 여 러 제약 요소가 보인다. 아직 발생하지도 않은 세금이 두려워 투자 가 망설여진다. 일부는 내지도 않은 세금이 아까워 미리 마음을 접 는다. 하지만 긍정적인 사람에게는 제약 요소를 극복할 수 있는 방 법이 보인다. 없는 방법도 찾아낸다.

세금과 친해져라. 더 많은 세금을 낼 수 있는 부자가 돼라. 무늬만 부자가 아닌 진짜 부자 말이다.

부동산은 모아가는 것

(황금 알을 낳는 거위)

    첫 부동산 계약을 할 때, 너무 떨렸다. 태어나서 처음으로 수억 원의 계약서에 도장을 찍고, 수백만 원의 중개 비용을 냈다. 가격이 떨어지면 어떡하지 걱정도 많이 했다. 일어나지도 않은 일들을 걱정하느라 머리가 복잡했다. 이후 2년 정도 지났을 때, 수천만 원의 시세가 상승했다. 정말 기뻤다. 배우자와 함께 맛있는 음식을 먹으며 그때 집을 사길 잘했다고 서로 칭찬했다. 처음 경험하는 투자의 기쁨이었다. 물론 그 안에 불안함도 있었다. 주변에서 거품이라는 이야기가 나오면 겉으론 웃으면서도 속으론 걱정했기 때문이다. 대출을 많이 받았기 때문에 두려웠다. 부동산을 투자해

본 경험도 없었고, 모든 게 처음이었다.

뉴스에서 집값을 잡는다고 매일 보도가 나왔다. 혼란스러웠다. 고민 끝에 해당 아파트를 매도했고 이후 가격이 가파르게 상승했다. 내 근로소득으론 도저히 상상할 수 없는 금액이 상승했다. 10~20년 동안 저축해야 할 돈이 1~2년 만에 상승했기 때문이다. 돈을 잃진 않았지만 가만히만 있어도 가질 수 있던 자산 이익이 사라져버렸다. 이때 겪은 정신적 고통과 후회는 말로 다 표현할 수 없다. 당시 많은 것을 깨달았다. 덕분에 경제, 부동산과 관련한 공부에 더욱더 심도 있게 매진할 수 있었다. 그리고 얻은 결론은 '황금알을 낳는 거위의 배를 가르지 마라.'는 것이다. 모든 사례를 일반화할 수 없다. 하지만 자본주의를 관통하는 기본 원리와 원칙은 변하지 않는다. 그중 하나의 원칙은 보유하고 있는 좋은 자산을 처분하지 않는다는 것이다.

좋은 자산이란 무엇일까? 좋은 자산이란 생산수단이다.

그리고 앞으로 이런 좋은 자산을 모아가는 것은 더 중요해질 것이다. 세상이 변했다. 소수의 자본가와 부자가 독점하던 부의 비밀이 공개되었다. 그리고 빠르게 퍼져나가고 있다. 이제 많은 사람들이 알게 되었다. 자본주의와 경제의 원리가 무엇인지. 어떻게 하면 부자가 되는지. 내가 지금 무엇을 절약하고, 무엇에 투자해야

하는지. 무엇을 모아가야 할지.

그 동안 경제 위기는 자본가들에게 좋은 기회였다. 좋은 자산들을 저가에 매수할 수 있었기 때문이다. 경제 위기마다 다수의 서민들은 보유하고 있는 좋은 자산, 생산 수단을 저가에 매도해야 했다. 강하게 표현하면 빼앗겨왔다. 부자는 더 부자가 되었고, 서민들은 더 가난해졌다. 과거 IMF, 리먼 브라더스 등 여러 경제 위기 시절을 떠올려보자. 그때 헐값에 부동산, 주식, 금 등을 내다 판 주체는 누구였을까? 그리고 그것을 매수한 사람들은 누구였고, 이후 어떻게 되었을까?

사람들이 현명해지고 있다. 많은 사람들이 두 번 다시 속지 않기 위해 노력하고 있다. 좋은 부동산을 소유하고 있다면 황금 알을 낳는 거위라고 생각해야 한다. 남에게 빼앗겨서는 안 된다. 황금 알을 낳는 거위의 배를 가르는 우를 범해선 안 된다.

지금 부동산 시장의 트렌드는 똘똘한 한 채다. 세법이 수차례 개정되었다. 이제 1주택자부터 취득세가 중과된다. 유주택자는 담보 대출도 받을 수 없다. 집을 사고 싶어도 살 수가 없는 시대가 된 것이다. 그럴수록 좋은 집, 좋은 자산은 가치가 더 올라갈 것이다. 사람들도 알고 있다.

다주택자라고 무조건 손해 보는 것은 아니다. 다주택을 똘

똘한 한 채로 교환할 수 없다면, 어떻게 해야 할까? 현재 보유 자산이 좋은 자산, 생산수단이라면 계속 보유해야 한다. 이제 다주택자가 되려면 과거보다 더 큰 세금을 부담해야 된다. 취득세 중과로 같은 부동산을 과거에 구입한 가격으로 또 구입할 수 없게 되었다. 이제 과거 대출 받은 만큼 다시 대출을 받을 수가 없다. 앞선 다주택자들이 당연한 게 적용받았던 규정들이 이제는 혜택이 돼버린 것이다. 규제는 그 의도와 달리 누군가에게 역차별이 될 수 있다. 그렇기에 우린 감정이 아니라 냉철한 이성으로 판단해야 한다.

부동산은 장기 투자하라는 이야기가 있다. 장기 투자란 팔지 않는 것이다. 단기에 1억이 오를 수 있는 부동산은 장기적으로 10억이 오를 수 있는 부동산이다. 최근 유례없는 부동산 상승기가 찾아왔다. 지금 가장 큰 고통을 받는 사람들은 무주택자와 함께 좋은 부동산을 조기에 처분한 사람들이다. 황금 알을 낳는 거위의 배를 가르는 우를 범해서는 안 된다.

최근 국내 주식 열풍과 함께 떠오른 인물이 있다. 메리츠자산운용의 존 리 대표님이다. 존 리 대표님께서 주식을 언제 사야 되냐는 질문에 항상 하시는 이야기가 있다. "타이밍을 왜 고민하느냐? 주식은 모아가는 것이다." 주식을 언제 팔아야 되냐는 질문에 다음과 같이 항상 이야기한다. "주식을 왜 파는지 모르겠다.

주식은 모아가는 것이다." 그리고 최근에 주식을 팔아야 할 예외적인 경우 3가지를 말씀하셨다. 첫째, 주식 가격이 폭등하여 회사의 적정 가치보다 높아졌을 때. 둘째, 세상이 변하여 회사의 경쟁력이 더 이상 유효하지 않을 때. 셋째, Full 투자된 상태에서 더 좋은 투자 대상(대체재)이 나타났을 때. (기존 주식 처분하고 매수)

나는 이 말을 부동산에 대입하고 싶다. 부동산을 팔아야 할 예외적인 경우 3가지가 있다. 첫째, 시장이 과열되어 부동산의 적정 가치보다 가격이 높아졌을 때. (가격 > 가치) 둘째, 세상이 변하여 해당 부동산의 가치가 더 이상 유효하지 않을 때. (개발, 세제 등) 셋째, 더 좋은 투자 대상(대체재)이 나타났을 때. (대체재에 투자할 자금이 부족할 때)

부동산(생산수단)은 모아가는 것이다. 다시 한번 말하지만, 황금 알을 낳는 거위의 배를 가르면 안 된다.

돈은 절대 현금으로
갖고 있으면 안 된다

'띵똥' 이른 아침 문자가 왔다. '○○은행 입금 0억 0천만 원' 계좌에 돈이 입금되었다는 은행의 알림 문자다. 세입자가 보증금을 입금했다. 원래 예정되어 있었지만 실제로 돈이 입금되면 그 느낌이 다르다. 순식간에 계좌의 잔고가 늘어난다. 억 단위의 돈이 현찰로 생기게 된다. (통장에 있지만, 그래도 현금이다.)

사람은 돈이 생기면 쓰고 싶어진다. 나도 마찬가지다. 작은 돈이라도 현금이 생기면 쓰고 싶다. 그래서 보통 월급날 직후 많은 소비가 이루어진다. 지금 받은 돈은 내 돈이 아니다. 임차인이 임차 기간 내게 맡겨놓은 보증금이다. 언제가 돌려주어야 할 타인의 돈이다. 그럼에도 불구하고, 돈이 계좌에 입금되는 순간 내 돈인 것처럼 느껴진다. 일시적이지만 소유권을 이전 받아 임대차 기간이 끝나기 전까지는 내가 사용할 수 있다. 중요한 것은 어떻게 보관할 것인지, 또는 어디에 사용할 것인지 결정하는 것이다. 임대차 계약을 체결하며 보증금을 받으면 어디에 쓸지 계획을 세워두었다. 그런데 막상 큰돈이 들어오니 새로운 생각들이 머릿속에 자라난다.

갚아야 할 대출이 있지만 갚지 않을 것이다. 과거 목돈이 생겨 대출을 조기 상환한 적이 있다. 하지만 이후 돈이 필요할 때 해당 대출을 다시 이용하지 못했다. 조기 상환으로 곤란한 상황에 놓이게 된 것이다. 우량한 대출은 빚이 아닌 소중한 자산이라고 생각한다. 대출을 받고 싶어도 받지 못하는 상황이 올 수 있기 때문이다. 그렇기 때문에 돈이 있어도 대출을 계속 유지한다.

돈은 그 자체로는 아무런 효용이 없다. 돈은 가치 저장 수단이다. 교환의 매개체. 만약 무인도에 표류된다면 1억 원의 현금보다는 작은 라이터 1개가 더 소중할 것이다. 그렇기에 돈만 생기면 쓰고 싶다. 어딘가에 소비를 하고, 소비를 통해 효용을 얻고 싶다.

큰돈이 들어왔다면 어떻게 하는 게 정답일까? 돈을 그대로 갖고 있으면 돈이 계속 유지될까? 인플레이션(물가 상승) 효과로 돈은 계속 그 가치가 줄고 있다. 10년 전 금고에 넣어둔 1억은 지금의 1억과 다르다. 은행에 넣어두었어도 은행 이자가 물가 상승률을 못 따라간다. 저금리 시대다. 돈은 그 자체로 가치가 계속해서 줄고 있다. 그렇기에 돈을 움켜쥐고 있으면 안 된다. 그럼 돈이 줄어들 것이다. 함부로 소비해서도 안 된다. 결국, 돈은 돈으로 보유해서는 안 된다. 돈이 아닌 자산으로 바꿔야 한다. 자산은 생산수단이다.

돈은 계속 움직인다. 나에게 왔다고 하여 이 돈을 내가 온전하게 소유한 건 아니다. 누군가의 지갑에서 내 지갑으로 들어왔듯이, 내 지갑에서 다른 누군가의 지갑으로 이동하려 할 것이다. 그렇기 때문에 부모님께서 항상 말씀하셨다. "저축해라. 취업하면 매달 적금을 부어라." 물론, 그 시대에는 가능했다. 10% 이상의 이자를 주던 시대였기 때문이다. 하지만 지금은 시대가 달라졌다. 열심히 저축만하는 사람은 벼락거지가 되는 세상이 되었다.

그렇기 때문에 돈은 절대 현금으로 갖고 있으면 안 된다. 돈이 아닌 생산수단으로 보유해야 한다. 그래야 소중한 돈을 지키고 키워갈 수 있다. 생산수단을 보유해야 한다.

〈5장〉 무한한 가능성

- 투자 멘탈
- 한계는 누가 정하는가

투자 멘탈

　시간은 계속 흐른다. 현재는 곧 과거가 된다. 그리고 미래가 현재로 다가온다. 시간의 흐름 속에 과거와 현재 그리고 미래는 모두 연결되어 있다. 과거의 내가 있기에 현재가 있고 현재가 모여 미래를 만든다. 그리고 한 가지 잊어서는 안 될 점이 있다. 과거는 바꿀 수 없다는 사실이다. 그러나 많은 사람들이 과거에 얽매여 살고 있다. 한때 잘 나갔던 추억, 과거의 찬란한 기억을 반복하며 그리워하는 사람부터, 과거 한순간의 잘못된 결정과 그 실수를 후회하며 고통스럽게 살아가는 사람까지.

　투자 또한 그렇다. 한순간의 선택으로 경제적으로 비슷했던 사람들과 어느 순간 격차가 벌어지기 시작한다. 그리고 그 격차는 시간이 지나며 걷잡을 수 없이 벌어진다. 요즘처럼 자산 가격이 급등하는 시기에는 그 결과가 극명하다. 일부는 열심히 살았음에도 불구하고 절망적인 현실에 분노하고 포기한다. 그리고 벼락거지와 이생망(이번 생은 망했다)이 생겨났다. 투자자에게 있어 투자 실패는 너무나 뼈아프다. 투자조차 생각안한 사람은 불난 집의 구경과 같다. 사실 불이 난 집은 자기 집이다. 요즘과 같이 자산의 가치가 급격하게 상승하는 시기에는 더욱더 그렇다. 내가 놓친 기회에 대한 아쉬움. 어쩌면 이 기회는 평생 한번 올까 말까 한 기회였을지 모르기 때문이다.

하지만 이것은 감성의 영역이다. 우린 이성적으로 판단할 수 있지만, 그 이성마저 상당수는 감정에 영향을 받고 있다. 아쉬움과 후회, 연속된 시간 속에서 발전하고 앞으로 한발 더 나가기 위해서는 과거로부터 벗어나야 한다. 특히, 불행한 과거로부터 벗어나야 한다. 타인의 성공이 부럽다면, 부러움으로 끝내지 말고 그 성공 방법을 벤치마킹해야 한다. 투자에 성공한 사람, 부자가 된 사람이 있다면 그 사람이 어떻게 부자가 되었는지 관찰해야 한다. 그들의 노하우, 시행착오 등 모든 것을 내 것으로 만들어야 한다.

현실을 객관적으로 인식해야 한다. 이성과 감성을 분리시켜야 한다. 이미 일어난 일은 바꿀 수 없다. 하지만, 현재 내 선택과 행동은 바꿀 수 있다. 이 말은 미래도 바꿀 수 있다는 말이다. 그렇게 우리가 집중해야 할 것은 과거가 아닌 현재다. 과거를 놓는 순간 무한한 기회의 땅으로 넘어갈 수 있다.

기회는 항상 있다. 단지 기회가 있음에도 기회를 보는 사람과 보지 못하는 사람, 그리고 그 기회를 잡는 사람과 잡지 못하는 사람이 있을 뿐이다. 그리고 지금. 지금이 바로 그 기회다. 5년 뒤, 10년 뒤 지금을 떠올릴 것이다.

"그때 내가 그렇게 해서 성공했지!" "그때 내가 그렇게 선택했어. 정말 좋은 선택이었어!" 성공으로 기억될 지금을 만들자. 과거로부터의 해방이 그 시작이 될 것이다.

한계는 누가 정하는가

한계를 규정하려는 사람이 많다. 끊임없이 한계를 규정하려고 시도한다. 그 시도는 우리를 위한 것으로 가장하고 있다. 이성적 또는 감성적으로 접근하여 한계를 규정한다. 이런 시도는 우리 사고에 위험한 영향을 끼친다.

상대방의 말을 경청하는 순간, 조금씩 자라나고 있던 한계가 확고하게 강화된다. 상대방의 말을 인정하는 순간, 기존에 없던 한계가 생긴다. '할 수 있을까'라는 생각이 '할 수 없을 거 같아'로 변하고, '할 수 없을 거 같아'라는 생각이 '할 수 없어'로 변하는 것이다.

가능성은 중요하다. 적은 확률, 희박한 확률이라도 성공할 수 있다면 가능성이 있는 것이다. 그리고 그 가치는 희박성에 비례하여 올라가게 된다. 하지만, 가능성이 없다는 것은 0, 제로다. 아무것도 없는 것이다. 시작이 반이라는데 시작조차 없다.

'네 점수로는 턱(택)도 없다'는 선생님의 말씀. '요즘 취업이 얼마나 어려운데, 나가면 고생이다. 후회할 거다.'는 직장 상사의 이야기. '세상 물정 모른다.'고 말하던 주변 사람들까지 그들은 무엇을 위해 그 많은 걱정과 우려를 해주었을까? 그 말을 뒤집기 위해 네 배나 더 열심히 했다. 그리고 원하는 결과를 얻었다. 걱정해주던 사람들은 막상 내 결과에 기뻐하지 않았다. 오히려 당황했다. 말과 표정이 반대로 움직이고 있었다.

사실 사람들은 타인의 과정에 관심이 없다. 결과에만 집중한다. 그리고 일부는 두려워한다. 자신이 하지 못한 것을 타인이 해낼까 봐. 실제로 퇴사를 꿈꾸지만 퇴사 못하고 있는 사람은 본인이 아닌 누군가 퇴사를 하고 원하는 바를 이룰까 두려워한다. 그게 가까운 사람일수록 그 두려움은 커지게 된다. 나는 원하는 삶을 살지 못했는데, 그러한 삶을 사는 사람을 가까이에서 직접 목격하게 되기 때문이다.

내 가능성을 진정으로 볼 수 있는 사람은 나, 자기 자신이다. 내 삶의 주인은 나이기 때문이다. 내가 할 수 없다고 이야기하면, 절대 할 수 없다. 하지만 할 수 있다 이야기하고 시작하면 그때부터 한계는 사라진다. 가능성이 시작되는 것이다.

부자가 되고 싶으면 '부자가 되겠다!' 선포해라. 건물주를 원하면 '건물주가 되겠다!' 이야기해라. 그리고 시작하자. 부자가 되는 길, 건물주가 되는 길. 그 시작은 지금부터다.

글을 쓰기 시작한 때부터 글을 마무리하는 지금까지 1년이란 시간동안 많은 일이 일어났다. 코로나가 발생했다. 전례 없는 상황이다. 팬데믹과 금융시장의 충격. 실물경제가 침체되고 많은 자영업자가 위기에 처했다. 자연스럽게 고용이 위축되고 청년실업은 더 심각해졌다. 마스크를 쓰는 것에 익숙해졌다. 물론 이 와중에도 급격하게 부를 축적한 사람이 나타났다. 주식 시장은 급락 뒤에 급등이 찾아왔다. 동학 개미 운동이 일어났다. 부동산 가격은 수십 차례의 정부대책이 나왔음에도 불구하고 계속하여 상승했다. 그리고 양극화로 이어졌다. K자로 대표되는 양극화. 양극화가 진행되면 될수록 양극화의 하단에 위치한 사람들의 절망과 고민은 더 깊어질 것이다. 기회를 놓쳤다고 생각하면 마음이 조급해 진다. 이때 누군가는 무리를 하게 된다. 그 와중에 부자가 된 사람은 더 큰 부자가 될 것이다. 이것이 현실이다. 현실판 부루마블. 이 게임에서 승기를 잡은 사람은 확실하게 승리를 굳히기 위해 더 노력할 것이다.

하지만 아직 게임은 끝나지 않았다. 지금도 기회가 있다. 누군가는 지금도 기회를 찾아 실행하고 변화하고 있다. 게임의 룰을 익히고 게임에서 승리하기 위해 노력하고 있다. 그리고 자기만의 게임에서 작은 승리를 쌓아가고 있다.

아울러, 나 또한 글을 쓰는 동안 많은 변화가 일어났다. 거주하는 집과 세를 준 집 모두 매매 가격이 올랐다. 전세가격은 더 많이 올랐다. 계약이 만료되면 시세에 맞추어 전세금을 더 올려 받을 예정이다. 전에는 전세금을 마련할 고민을 했다. 이제는 오른 전세금을 어디에 써야할지 고민한다. 상황이 바뀌었다.

나와 배우자는 평범한 근로자다. 중요한 사실은 둘이 근로하고 저축한 돈보다 집값이 더 많이 상승했다는 것이다. 돈이 나를 위해 열심히 일한 것이다. 지금 이 순간에도 내가 소유한 생산수단은 나를 위해 열심히 일하고 있다. 이것은 증거다. 나 같은 흙수저도 부자의 게임에 참가했고 그로 인해 조금씩 변화하고 있다는 사실. 내가 얻은 결과물은 여러분 누구나 충분히 얻을 수 있는 결과물이다.

부자가 되고 싶다면 부자가 되겠다고 결정하자. 그리고 행동하자. 그러면 반드시 부자가 될 것이다. 방법을 모르겠다면 앞서 선배 부자들이 나아간 길을 학습하도록 하자. 그리고 다양한 방법 중 본인과 가장 잘 맞는 방법을 선택하자. 그리고 다시 실행하자. 반드시 원하는 결과를 이룰 것이라 확신한다. 흙수저의 삶을 끝내자. 어제보다 발전한 오늘의 나. 오늘, 지금 이 순간은 미래의 내가 준 새로운 기회다. 부자가 될 모두를 온 마음으로 응원한다.

흙수저의 반란

초판 1쇄 인쇄   2021년 12월 22일
초판 1쇄 발행   2021년 12월 29일

지은이   임소장

펴낸곳   스노우폭스북스
편집인   서진

편집   강민경
편집 진행   성주영 양은경

마케팅   구본건 김정현 이민우
영업   이동진

디자인   강희연

주소   경기도 파주시 광인사길 209, 202호
대표번호   031-927-9965
팩스   070-7589-0721
전자우편   edit@sfbooks.co.kr
출판신고   2015년 8월 7일 제406-2015-000159

ISBN   979-11-91769-11-1 (03190)